中学受験のプロが
5000組の
親子と面談して
わかった

頭のいい子の親がやっている「見守る」子育て

中学受験情報局「かしこい塾の使い方」主任相談員
小川大介

KADOKAWA

はじめに

日本の親たちは、わが子をもっと信じていい

子どもの幸せを願わない親はいません。

自分の持つ能力を最大限に生かして、社会で活躍してほしい。健康で、思いやりのある人間に育ち、たくさんの友だちに囲まれて、豊かな人生を送ってもらいたい。どんな親も、子どもの未来が明るく、笑顔に満ちたものであってほしいと願います。

ただ、**子どもの幸せを想うあまり、子どもに「将来の幸せに直接つながりそうなもの」を与えすぎ、詰め込みすぎている親御さんが多い**のもまた、事実です。その結果、時間にも心にも余裕がなくなり、親からも子どもからも、いつの

間にか「笑顔」が消えてしまっています。

子どもの幸せを願うための行動が、知らず知らずのうちに、親自身や子どもを苦しめているのです。

情報を追うあまり、「子ども」から目を離していませんか？

私は2000年に中学受験を専門とする個別指導塾を設立し、長く代表を務めてきたのですが、学習の進め方について親御さんと面談をすると、次のような質問を非常によくいただきます。


「子どもには何をさせればいいのでしょうか？」

「子どもにはどんな教材を買ってあげればいいのでしょうか？」

「子どもにはどんな体験をさせてあげればいいのでしょうか？」


わが子には幸せになってほしい。遠回りをさせたくない。自分が有益な情報を知らないことで子どもに損をさせたくない――。

メディアに子育て情報があふれる昨今、わが子を思う親としての切実さが、このような質問になって表れているのでしょう。

これらの質問に答えるべく、私はどんなお子さんなのかをもっと詳しく知るために、親御さんにこんな質問で返します。

「最近のお子さんの口ぐせは何ですか?」
「朝起きてから最初に、どんな行動をとっていますか?」
「どんな遊びに熱中していますか?」

すると、親御さんの動きがピタッと止まります。

「口ぐせ……どんなことを言っていたかなぁ……」
「朝起きてから……私はそのとき、家のことをしているからなぁ……」
「遊び……いろいろやってるけど、どれが一番好きなのかなぁ……」

子どもの相談に来ているのに、意外と子どものことを知らない自分に気づくのです。子どものためにこんなにも頑張っているのに、今、目の前にいる子どもの口ぐせや好みがわからない。決して、子どものことを考えていないわけではないのに……。

そんなとき、私はこう声をかけます。

「大丈夫。これからはお子さんを温かく見守っていきましょう。**何を与えてあげればいいかは、お子さんをしっかり観察していれば見えてきます**から」

「好き」を見守ってもらえた子は、いざというとき踏ん張れる

これまでに5000組を超えるご家庭と学習の進め方についての面談を重ねてきましたが、面談ではお子さんの「現在の様子」だけでなく、「これまでどのように育ってきたか」にまで話が及ぶことも少なくありません。

たくさんのご家庭の話を伺って気づいたのは、いわゆる「教育によさそうなもの」

をたくさん与えられ、手取り足取り面倒を見てもらってきたお子さんは中学受験直前の小6になって伸び悩んでしまうことが多い一方で、親に見守られて「虫とり」や「お絵かき」など**好きなことにとことん熱中した経験のあるお子さんは、最後の最後で踏ん張りをきかせてぐんぐん成績を伸ばしていく**という事実です。

私は2017年から、俳優・タレントの養成を行うテアトルアカデミーさんとともに、「Kids《キッズ》 Perform《パフォーム》 Challenge《チャレンジ》」という子育てプロジェクトを開始したのですが、特別講座やセミナーを行うたびに、似たような状況を見聞きします。

子役の世界では、親が「ああしなさい、こうしなさい」と熱心に指導するご家庭のお子さんは、幼いうちはオーディションに合格しやすい傾向にあります。

けれども不思議なことに、9歳前後になると、ピタリと結果が出なくなってしまうのです。

代わりにめきめきと頭角を現すのは、本人のペースで自由にさせてもらってきた子。

最初は結果が出なくても、ある程度大きくなって自分を表現することが求められる年齢になると、がぜん能力を発揮し始めます。自分で考えて行動するくせがついているので、監督の「ちょっとこういうことやってみて」という要求にも、とっさに対応することができるのです。

これらの経験から私が確信するのは、**子どもの能力を伸ばすために重要なのは「9歳前後までの育ち方」**であるということです。そこで本書では、幼児期から9歳前後までのお子さんを持つ親御さんに向け、子育てで心に留めておいていただきたいことをお話しします。

この時期の子どもに必要なのは、特別な教育ではありません。ありのままの子どもを「認め」、「見守り」、「待つ」ことです。本書ではこのような子育てを総称して、**「見守る子育て」**と呼びます。

「見守る子育て」で、自ら学び、伸びる人間になる

子どもが持てる力を発揮して幸せな人生を歩むためのカギは、この「見守る子育て」

の中にあります。

親が「子どもの将来の幸せに直接つながりそうなもの」を過剰に与え、詰め込むのではなく、子ども自身が見つけた「好き」を認めて、見守るのです。

自らの好奇心を親に認められ、見守られて育った子は、**「自分が興味を持ったことはいっぱい勉強していいんだ」**と考えるようになるからです。

すると、学校の勉強だけではなく、人生全般において前向きで意欲的になります。

自分で人生を選び取り、自らの足で立っているという自信がありますから、たとえ躓《つまず》くことがあったとしても、その経験を糧《かて》にして次にまた頑張っていく力が育ちます。

私自身、2006年に子どもを授かり、父親として子どもと一緒に育つ中で、「親は子どものことをもっと信じていい」という、かねてから抱いていた信念はやはり間違っていなかったと実感しています。子どもの「好き」を見守っていれば、子どもは自ら学び成長します。

実際、中学受験に子どもが楽しみながら取り組めているご家庭の親御さんの中に、子どもを追いたてて勉強させているような方はほとんどいません。

それは、その子たちが「できる子」だからではありません。**「与える子育て」を「見守る子育て」に変えるだけで、どんな子どもも、自ら学び、自ら成長する子に変わる**のです。

「否定しない」「与えすぎない」「あせらない」

頭のいい子の親には、**「子どもを否定しない」「子どもに与えすぎない」「子どものことであせらない」**という3つの特徴があります。親がそういう態度だと、子どもは安心して、自分が興味を持ったことにどんどん取り組むようになります。すると、日々の体験を通して「なんでだろう?」と疑問を持ち、「こういうことかな?」と自分なりに考え、「調べてみよう」と行動するようになっていきます。**この積み重ねが「頭のいい子」を作っていく**のです。

この本では、どうしたら「否定しない」「与えすぎない」「あせらない」子育てができるようになるのか、その考え方のコツを紹介しています。

本書を読んで「今まで自分はこういう子育てができていなかった。ダメな親だ」と反省する方もいらっしゃるかもしれません。でも、反省する必要なんてないのです。これから実践すればいいだけなのですから。この本を開いて、子どものために新しい知識を得ようとしている時点で、すでに十分素晴らしい親御さんです。

また、すべてを実践しようと気負う必要もありません。

何かひとつでも気づきがあり、取り入れられればそれで十分なのです。そして、もしもすぐにうまくいかなくても、少しずつ実践していけば大丈夫です。

本書がそれぞれのご家庭で親子の関わりを見つめ直し、子どもと笑顔で過ごす時間が増えるきっかけになるのなら、これに勝る喜びはありません。

小川 大介

第2章……頭のいい子の親は「否定しない」

第3章……頭のいい子の親は「与えすぎない」

第4章……頭のいい子の親は「あせらない」

第5章……パパ・ママのお悩みQ&A

装丁／上田宏志［ゼブラ］
本文イラスト／寺崎 愛
構成／前田浩弥
校正／渡辺のぞみ

第1章

頭のいい子の親は子育てで何を重視するのか

そもそも「頭がいい」とはどういうこと？

多くの親は、子どもに**「頭のいい子に育ってほしい」**と願います。では、「頭がいい」とはどういうことを言うのでしょうか。まずはこの本のゴールである「頭のいい子」について考えていきましょう。

30年前は「みんなができることを、みんな以上にできる」こと

時代の変化とともに、「頭がいい」の定義も変わってきていることは、みなさんもお気づきでしょう。

30年ほど前、つまり今の親世代がまだ子どものころ、頭のよさは**「知識量」「問題処理の速度」「正確さ」**の3点で測られていました。

教科書や参考書に書いてあることを片っ端から頭に入れて、テストで高得点をたたき出すような子どもを「頭がいい」と評していたのです。

大人も同様です。30年前の社会では、「みんなができること」を「みんなよりも多く、速く、正確にできること」が求められ、それができる人が頭のいい人とされ、幸せな人生を歩んでいきました。

これから先は、「自分の強み」を世の中で発揮できること

しかし、社会のしくみは大きく変わりました。

この先、「みんなができること」は、AI（人工知能）がどんな人間よりも多く、速く、正確に処理してくれるようになります。これまで人間の手によって行われてきた仕事がどんどんAIに取って代わられるようになります。

また、ＳＮＳ（ソーシャル・ネットワーキング・サービス）の発達によって、個人の意見や情報を世界に発信する術《すべ》は今や誰もが持っています。

フリーランスという働き方をする人も増え、組織に所属する道を選ばずとも、収入を得られるようになりました。極端に言えば、得意分野と熱意さえあれば、仕事をして食べていける社会になったのです。

「社会のしくみが変わった」ということは、すなわち「子育てにおいて心配したほうがいいポイントも変わった」ことを意味します。

30年前の親たちの不安は「まわりの子と比べたときに、わが子にできないことや足りないものがあること」でした。

ところが今後は、「まわりの人と同じ」であるだけでは、不十分です。

「あなたはどんなことができる人ですか？」と問われたときに、「言われたことを、まわりの人よりも速く、正確にできます」では、ＡＩに簡単に置き換えられてしまうだけで、アピールにならないからです。

これからの時代に必要なのは、「自分ならではの強み」を発揮する力。

「まわりの人と同じことができる」ことよりも、**「苦手なこともあるけれど、誰にも負けないものも持っている」ことのほうが大事**になります。

自分ならではの強みがあれば、ずっと選ばれ続ける人でいられますし、AIに取って代わられる不安もなくなります。

自分の強みを生かすには「自分軸」が大切

つまり、これからの時代における「頭のいい子」とは、**「自分の強みを社会で発揮できる子」**であると言えるでしょう。

では、そのような子になるには、何が必要か。私は**「自分軸」**だと考えています。

自分軸とは、「経験や価値観に基づいた、自分なりの判断基準」のことです。

自分軸のある子は、**自分を偽ったり無理な背伸びをしたりすることなく、ありのままの自分を出すことができます。**そして「苦手なことがあったり、失敗したりもするけど、それも自分」ととらえ、自らの選択に責任を持てるようになります。そんな子は、興味を持ったことを積極的に学び、強みを伸ばしていくことができます。

実際、**中学入試の問題も、自分軸重視へシフト**しています。「さまざまな知識を幅広く聞く」試験から、「知識量はそれほど必要としないけれど、じっくり考えて自分なりの答えを出させる」試験へと変わってきているのです。

中学入試の問題には、その学校が欲する人物像が色濃く反映されます。このことからも、求められる「頭のよさ」が変わってきていることがうかがえます。

将来、自分ならではの強みを社会で発揮できる、自分軸のある子を育てる――これが「頭のいい子を育てる」ということなのです。

親の関わり方を変えれば自分軸は自然に育つ

少々乱暴な言い方になりますが、大前提として、**どんな子どもも、放っておけ**

「頭のいい子」とは
自分ならではの強みを発揮できる子

経験や価値観に基づいた自分なりの判断基準を持ち、ありのままの自分を出すことができる子は、将来にわたって強みを伸ばしていくことができる

子どもはみんな好奇心があり、知らないことや目新しいものに「何だろう?」と興味を持つのですから、子どもの自主性に任せておけば、**自分軸は勝手に育ちます。**自分軸は自然に育っていきます。

ただ残念ながら、成長過程における親子の関わりの中で、親が子どもの自分軸の成長を邪魔してしまっていることがよくあるのです。

たとえば、こんな行動です。

「そんなことではダメ!」とダメ出しをする。
あれもこれもとスケジュールを詰め込む。
「みんなできてるのに、どうしてできないの?」と、まわりの子と比べる。

否定したり、子どもの時間を奪ったり、まわりの子と比べたりすることが、自然に育つはずの自分軸の成長を阻《はば》んでいるのです。何とももったいない話です。

しかし、仮にこうした行動を取ってしまっていたとしても、決して取り返しがつかないわけではありません。自分軸を育てるのに、遅すぎるということはないのです。

頭がよくなる「3原則プラス1」

私は、子どもの自分軸を育てるための3原則として、「認める」「見守る」「待つ」ことを提唱しています。そしてそのうえで「期待する」。この「3原則プラス1」で、子どもは自ら学び、伸びていく子になります。

「3原則プラス1」については、次項から詳しく説明していきます。いずれも、どんなご家庭でもできる簡単な方法ですし、仮にすぐにうまくいかなくてもあせる必要はありません。まずは知ることが大事です。

頭がよくなる3原則プラス1
原則①　認める

頭がよくなる「3原則プラス1」。原則①は**「認める」**です。

前項でお話ししたように、子どもの「自分軸」の成長を阻んでしまう親の関わり方のひとつが、否定的な態度を取ることです。

今からお話しする「認める」という関わり方は、親の望ましくない行動を減らす効果があります。子どもは「自分が思ったことを大事にしていいんだ」という安心感を得られますから、日々、いろいろなことに疑問や興味を持ち、それについて自分なりに考えるチャンスが増えていきます。

子育てにおける「認める」とは、「評価」のニュアンスではなく、「存在を認める」ということ。**「私は、あなたという人が今、そこで生きていることを知っていますよ」**という感覚です。

ありのままを「見て」、心に「留める」ことこそが、「認める」本来の意味なのです。

子どもの言い分をいったん聞く

具体的にはどういうことなのか、生活のシーンで考えてみましょう。

子どもがおもちゃ屋さんの前で「あのおもちゃ買って」とだだをこねているとします。まわりの人も振り返るほどに泣きわめき、ついには座り込んでしまいました。

こんなとき、あなたならどうするでしょうか。

「いいから早く来なさい！」と腕をつかんで引きずる。これは「押しつける」です。

「なんであなたはいつもそうなの！」と怒鳴る。これは「責める」です。

「そんなにほしいのね」と、言い分をいったん聞く。これが「認める」です。

「わかるよ、おもちゃほしいよね。どのおもちゃがほしいの？　そう、それがほしいんだ……。うん。でも今日は買わないよ。はい、行こう」。

これで、子どもは立ち上がります。パッと立つわけでなくても、自分のタイミングが来れば、ちゃんと立ち上がります。

無理やり連れて行こうとしたり、怒鳴ったりすると、子どもはてこでも動かなくなります。それが、言い分を聞いてもらえると、素直に立ち上がるのです。

この違いは、**「おもちゃがほしい」という自分の気持ちを一度受け止めてもらえたかどうか**、たったそれだけです。

「おもちゃがほしい状態の自分」がそこにいることを認めてもらうことで、子どもは「自分はおもちゃをほしがってもいいんだ」「おもちゃをほしがる自分がここにいてもいいんだ」と安心します。そのうえで「自分がおもちゃをほしいという気持ちと、今日おもちゃを買うか買わないかは別の問題なのだ」と理解します。だから子どもは立ち上がるのです。

腕をつかんで引きずるのも怒鳴りつけるのも、その場しのぎの対処であって、その子の気持ちを受け止めてはいません。そのため「自分のことをわかってくれない」という不満から、いつまでも泣きわめくことになってしまうのです。

Having・Doing・Being

カウンセリングやコーチングの世界では、よく「Having」「Doing」「Being」という言葉が出てきます。

「Having」は、何かを持っているのを認めることです。

「高そうな時計をしていますね」「いい車に乗っていますね」と、持っているものをほめるのがHavingだとイメージしてください。確かにほめてはいますが、あくまでも相手が持っている「モノ」をほめているに過ぎません。

Havingの気持ちで接すれば、「100点を取ってすごいね」という言葉も、「100点を取った子ども」ではなく「100点のテスト」がすごいという思いが伝わってしまいます。

「Doing」は相手の行動自体を認めることです。

「いい時計ですね。その時計を選ぶなんてセンスありますね」「100点取ったんだ。頑張ってたもんね」と、「モノ」ではなく「行動」をほめるイメージです。

Having より Doing のほうが、自分のことをより相手にわかってもらえた気がしてうれしいですよね。

「Being」は相手の存在そのものを認めることです。「そこにいるだけで素晴らしい」という無条件の承認です。

先ほどの例で言うと、大切なのは、「おもちゃをほしい状態の子どもを認める」ということ。「今、おもちゃがほしいんだね」と、子どもの気持ちに対して一度OKを出すことです。そのあと「今日は買わない」のか「じゃあ、買ってあげる」のかは、その場に応じた判断で構いません。

いい・悪いのジャッジの前に「そうなんだね」と受け止める

大切なのは**「子どものあるがままを一度、受け止める」**ことです。

生活の中のコンマ何秒でもいいので、まずは「子どもがそこにいる」「子どもがリビングでゴロゴロ転がっている」「子どもが勉強している」といった状況ひとつひとつを「ああ、そうなんだね」とそのまま受け入れる瞬間を持ってほしいのです。いい・悪いというジャッジはそのあとです。

一度「そうなんだね」という瞬間を持つことで、子どもは「ここにいていいんだ」「こう思ってもいいんだ」「生きていていいんだ」という安心感を得ます。その安心感が、「自分なりに感じ、考え、動いていい」という自己肯定感につながり、自分軸が育っていきます。

頭がよくなる3原則プラス1
原則②　見守る

頭がよくなる「3原則プラス1」。原則②は**「見守る」**です。

ここでお話しする「見守る」という関わり方は、子どもの自主性を引き出すうえで大切な役割を果たします。過剰な手出しや口出しをしないことで子どもの挑戦する意欲をあと押しし、それでいて必要なときには気づいて手助けすることで致命的な挫折はさせない、ほどよい関わり方です。

ただ、中には、子どもを見守るつもりが、いつの間にか「監視」になっている親御さんがいます。まずは「見守る」と「監視する」の違いを押さえておきましょう。

「見守る」と「監視する」の違い

公園で子どもを遊ばせている親御さんは、だいたい2パターンに分かれます。

ひとつは「ブランコをこいでいるそばに行ったら危ないから、気をつけるんだよ」と、本当に大事な注意だけをして、あとはそっと見ているパターン。

もうひとつは、「そっちへ行っちゃダメでしょ、それをさわったら汚れるでしょ」と、子どもの行動にいちいちダメ出しをしてしまうパターンです。

どちらの親御さんも、子どもを遊ばせてあげようと公園に来ています。しかし前者は最低限の注意をするだけで済み、後者は決して本意ではないのでしょうが、あれこれと指図をしてしまっています。

まさに**「見守る」と「監視する」の違い**です。

この違いはどこからくるのか。ひと言で言えば、「子どもへの信頼」があるかないかに尽きるでしょう。

「あの子は、ここまでならば大丈夫。ここを超えそうなときだけ注意しておけばいい」という信頼を持っている親は、子どもを監視せずに済むのです。

親が子どもを監視してしまうと、子どもの側も「お父さん・お母さんのOKをもらわなきゃ」「お父さん・お母さんの機嫌がよくなることがいいことだ」と考えてしまい、いつまでたっても自立できません。

監視に陥らないためには、子どもを信頼することが大切です。

まずは子どもの「今日の姿」を見よう

「子どもを信頼するといっても、具体的にはどうしたらいいの？」という声が聞こえてきそうですね。

それは「見守る」という言葉の中に答えがあります。

「見守る」とは「見て、守る」ということ。まずは見てください。何を見るのか。子どもの「今日の姿」をです。

「見守る」とは、子どもの成長に合わせて距離感を選び直すことです。子どものできることは日々変わっていきますから、それに合わせて親も距離感を見直すことが必要になります。

まだ小さいうちはどこに行くにも手をつなぎ、角を曲がるときにも親が一歩先に出て、危なくないか注意してから曲がっていたことでしょう。

それが何年かたつと、手をつないで歩く必要がなくなります。それでもまだ、子どもと一緒に歩いていたはずです。

さらに子どもが成長すると、1人で大丈夫だと信頼できるようになり、一緒に歩く必要がなくなります。

このように、どこまで任せ、どこから保護するのかを選ぶ。これが「見守る」ということなのです。適切に見守ることが、子どもを信頼することにつながります。

子どもの成長に合わせて距離感を選び直す

子どもを守りたい気持ちが強い人や世話好きな人は、注意が必要です。子どもがすでにできること、ちょっと頑張ればできそうなことまで、先回りしてやってあげてしまいがちだからです。

そんな親御さんに意識していただきたいのは、「ひき算の保護」です。

たとえば「あの子は服を自分で引き出しに片づけられる。ということは、私は服をたたむところまでしてあげれば大丈夫だな」とか、「牛乳をコップに注ぐところだけ手伝えば、あの子は朝食の用意が1人でできるな」といったようなことです。

子どもの成長に応じて、親がどこまで手助けするかを決めるのです。余計な手助けをせずに見守ることで、子どもは小さな成功体験を積むことができます。

「距離感の選び直し」の指針としてわかりやすいのが、山口県で長く教育に関わられた緒方甫《おがたはじめ》先生による**「子育て四訓」**です。

一、乳児はしっかり肌を離すな
二、幼児は肌を離せ　手を離すな
三、少年は手を離せ　目を離すな
四、青年は目を離せ　心を離すな

子どもの成長に合わせた距離感や親のあり方がシンプルな言葉から伝わります。

もちろん、子どもの成長速度は一定ではありませんし、時には後戻りもします。**先週はできていたことが、今週はまたできなくなっていたりする**こともあります。子どもの成長は常に「前進」ではありません。今のお子さんに合った距離感で見守ってあげてください。

頭がよくなる3原則プラス1
原則③　待つ

頭がよくなる「3原則プラス1」。原則③は**「待つ」**です。

親が「待つ」ことで、子どもは「自分でやりきった」という達成感を得ることができます。達成感は自信を育て、「またやってみよう」という意欲を生みます。「待つ」という関わり方が、子どもの自分軸の成長を加速させていくわけです。

セミナーや面談で「待つ」というお話をすると、「わかってはいるんですけど、でも待てないんです」という反論を必ずお受けします。

親御さんが「待てない」と主張するのには、大きく2つの理由があります。

1つ目は、**「待つ」ことは「我慢する」ことだととらえているケース。**

そして2つ目は、**きちんと説明せず、親の都合に子どもを付き合わせようとしているケース**です。

まずは1つ目の、「待つ」と「我慢する」を同じ意味でとらえているケースから解決していきましょう。

「待つ」とは信じて任せること

「待つ」とは決して、「我慢する」ことではありません。**「この子はこれだけのことはできる子だ」と信じて任せる**ことです。

できるのはわかっているから、任せて見守っている。すると結果的に、待っているように見える。これが「待つ」のメカニズムです。「認める」「見守る」ができている段階で、すでに「待つ」もほぼできているようなものなのです。特別な力は不要ですが、普段から子どもをよく見て、何ができ、何ができないか、また何をしたいと思っているか、何に不安を感じているかをくみ取ろうとする必要があります。

そのうえで、お父さん、お母さんにはぜひ「根拠がなくても信頼する」という意識を持っていただきたいのです。

「以前にできているシーンを見たことがあるからできるはず」から「自分の信じたわが子だからきっとできるはず」へと信頼を飛躍させてみてください。

すると**「この子なら大丈夫。細かいことは言わずに、自分の力で取り組むのを見ていてあげよう」**という姿勢で子どもと関われるようになり、「待つ」ことができるようになっていきます。

「助けて」のサインを見逃さない

気をつけていただきたいのは、何が何でも待とうと頑《かたく》なになる必要はない、ということです。

子どもが1人で始めてみたものの「やっぱりこれは、お父さん・お母さんに助けてほしい」という状況に陥ることもあります。

たとえば、お子さんが算数の問題を解いている場面を思い浮かべてみてください。解けない問題があって手が止まり、20分も30分もウンウンうなっているとします。

この場合、「自力で解こうとしているのだから、そのまま待っていればいい」というのは、必ずしも適切ではありません。

1人で考えることに意味があるのは、考えれば何とか答えにたどり着けそうな場合です。この場合のような「どうしたらいいのかわからない状態」の30分は子どもにとっては苦痛でしかなく、勉強に対してネガティブな感情を抱いてしまうおそれもあります。

今の能力では対処できない壁に子どもが突き当たったときには、親が助けることも必要です。

日ごろからお子さんの表情や目線の変化に気を配り、助けを求めているのか、夢中になって取り組んでいるだけなのか、サインをくみ取ってあげましょう。

急ぐときは、理由を子どもと共有する

続いては、**親の都合に子どもを付き合わせようとしているケース**を見ていきましょう。

たとえばお父さんが、8時10分の電車に乗って仕事に行くために、子どもを7時50分には保育園に預けたいと考えていたとします。ところが子どもは、なかなか支度をしない。早くしないと、電車に乗り遅れてしまう。それなのに子どもはお構いなし……。「もう待てない！」とイライラがピークになる瞬間でしょう。

この場合の「待てない」は、「子どもが自力でやろうとしているのに、つい手を出してしまう」という意味での「待てない」とは根本的に違います。こちらはいわば、「子

どもの行動が遅い結果、自分の予定を変えなければいけない」というストレスからくる「待てない」です。

そんなときに振り返ってほしいのは、「親の予定に合わせて動くべき」という思考になっていませんか？　という点です。

誰かの予定に合わせて動く。これは、ものすごく高度なことです。子どもには子どものペースがあり、自分のことで精いっぱいだからです。

「よし着替えよう」と思い立ってから着替え終わるまでに何分かかるのか。そもそも「よし着替えよう」と思い立つまでにどれくらいの時間がかかるのか。このように「わが子のペースだったら、支度に何分必要か」を計算に入れたうえで、家を出たい時間から逆算すれば、イライラすることは減ってくるでしょう。

もしかしたら子どもは、そもそも「なぜ7時50分に保育園に行かなければならないのか」を理解していないかもしれません。

それならば、「お父さんは8時10分の電車に絶対乗りたいから、7時50分には保育園でバイバイしたいんだ。そのためには家を7時30分には出たいから、協力してくれるかな？」と、事情を説明しましょう。**3、4歳の子どもでも、きちんと説明すれば納得して、親の希望をかなえようとする**ものです。

ただ、「家を7時30分には出たいから」だけで終わらせてはいけませんよ。「だから、お着替えを7時20分には終わらせてほしいんだ。あの時計で7時になったら服を着替え始めようね」まで、話してあげてくださいね。

「7時になったら着替え始められそう？」と聞き、お子さんがちょっと考えるそぶりを見せて「うん！」と返事をしたら、求められていることがわかった合図です。

このように「子どもの行動が遅い結果、自分の予定を変えなければいけない」というストレスからくる「待てない」は、急ぐ理由を子どもと共有すれば防げます。

「待つ」という関わり方は、「子どもを信頼して、任せる」ということです。1人の人間として信頼し任せることで、子どもは毎日、自信を深めていきます。

頭がよくなる3原則プラス1 プラス1 期待する

「認める」「見守る」「待つ」の3原則を実践できるようになったら、さらに次のステップへ進んでみましょう。それが**「期待する」**です。

3原則に親の期待が加わることで、子どもの才能は爆発的に伸びていきます。

なぜ「4原則」ではなく「3原則プラス1」なのか。それは、「認める」「見守る」「待つ」という関わり方ができていないうちから期待をかけてしまうと、単なる押しつけになり、子どもにプレッシャーをかけるだけになってしまうからです。

ですから、まずは3原則が先。期待はそのあとです。

「親の期待」で「現状維持バイアス」を乗り越えられる

「期待」とは、「あなたならきっと、こういうこともできるよね」という、子どもへの信頼に基づく希望・願望のことです。期待の範囲はとても広く、「もう1人でお使いに行けるよね」も期待ならば、「医師を目指してほしい」も期待です。

期待は子ども主導の考え方とは相反するように見えますが、100%子ども主導では、子どもの能力を伸ばしきれないのも事実です。

なぜかと言うと、人間は誰しも「現状維持バイアス」を抱えているからです。これは、人生に「変化」よりも「現状維持」を望む心理的作用のことです。

飲食店でつい、いつものメニューを頼んでしまう、大勢の人が集まるパーティーでつい、なじみの人とばかり話してしまうという経験は誰にでもあるでしょう。

大人でさえそうなのですから、子どもならなおさらです。完全に子ども主導にしてしまうと、いつまでも現状維持です。

しかし**親が期待を持って背中を押してあげれば、子どもは現状維持バイアスを乗り越え、知らない世界へと踏み出す勇気を持つことができる**のです。

「認める」「見守る」「待つ」で子どもの自分軸を育んだうえで、親としての期待を素直に伝えてみましょう。

「信頼に基づく期待」と「単なるプレッシャー」の見分け方

注意したいのは、その思いが本人への信頼に基づく希望・願望なのか、親の押しつけによる希望・願望なのかという点です。前者は「期待」となり、子どもの背中を押しますが、後者は単なる「プレッシャー」となり、子どもの足かせとなります。

自分の希望・願望がどちらなのか迷ったときの判断基準は、**「わが子の顔で映像が浮かぶかどうか」。**

たとえば「子どもには英語が話せるようになってほしい」という願望があったとし

て、わが子が英語をツールとして外国の人々と友情を育んでいる映像が鮮明に浮かぶなら、それは期待です。このような場合のお子さんへの声かけは「絶対できるようになるから、やってみようよ」といったものになるはずです。

逆に言えば、わが子の顔でイメージすることができないようなら、それは押しつけである可能性が高いでしょう。このような場合の声かけは「今の時代、英語くらい話せないとダメだから」「できないと困るから」といったものになりがちです。

期待は確かに親のエゴです。ですが、その自覚を持ったうえで、「親の思い」として期待を伝えることは、何ら問題のないことだと私は考えます。

「認める」「見守る」「待つ」に「期待する」が加わることで、子どもは大きく羽ばたけるようになっていきます。

「認める」「見守る」「待つ」子育てを実践するには？

ここまで「頭のいい子が育つ3原則プラス1」をご説明してきました。でも、子育て世代の忙しい親御さんたちは、「そんな余裕はないよ」「わかっていても、ついイライラしちゃって……」と思う方も多いことでしょう。

「認める」「見守る」「待つ」子育てに反して、親がやってしまいがちなのは「否定する」「与えすぎる」「あせる」こと。たとえばこのようなことです。

お絵かきに夢中の子に「落書きばっかりしないで、このドリルをやりなさい」
乗り気でない子に「スイミングと英語とピアノくらいは、やっておかないと」

インターネットの情報を見て「幼児期に育脳しないと、遅れを取っちゃう」

どれも、お子さんの将来を案じるがゆえの思いや行動ですね。でも残念ながら、「否定」「与えすぎ」「あせり」はお子さんの成長の芽を摘《つ》んでしまいます。

ですからこれからは、その「逆」をしていきたいのです。

不要な否定をやめれば、子どもは「自分は愛されている」と自信を持つことができます。あれこれ与えすぎなければ、子どもは自由な時間を得て、経験したことをじっくりと吸収したり、心のエネルギーをたくわえたりすることができます。そして、親があせらずゆったりとした心で子育てをすれば、家族みんなが毎日をハッピーに過ごすことができるようになります。

実際、私が見てきた中で、**お子さんが意欲を持って学び、毎日を楽しそうに過ごしている**ご家庭のほとんどは、親御さんがこのような姿勢で過ごしています。

次章からは、このような子育てが無理なくできるようになるための考え方と行動のヒントを、日々の具体的な生活シーンに即して説明していきたいと思います。

第2章

頭のいい子の親は「否定しない」

「否定」は子どもをつぶしてしまう

子どもを愛し、将来の幸せを願うほど、子どもの**「できていない部分」**が目についてしまうものです。するといつの間にか、「だから言ったでしょ」「そうじゃないでしょ」「普通はこれくらいできて当たり前なのに、この子はもう……」という、子どもを否定する言葉ばかりを並べてしまいます。

否定は、「認める」「見守る」「待つ」とは真逆の行動です。これでは親も子も悲しい気持ちになるばかりですし、子どもが萎縮し、本来持っている能力が発揮できません。

子どもの頑張りを認められない親

忘れられない1人の女の子がいます。かつて個別指導塾で私が担当していた生徒です。

彼女の家庭では、常にお父さんが主導権を握っていました。お父さんは自身の学歴にプライドを持っていて「娘を難関私立中学に入れるんだ」と娘さんの勉強にも干渉していました。

初めて私の元を訪れたとき、娘さんは小学5年生で、成績も上位。順調に学力を伸ばしていけば、志望校の合格も現実的な目標として見えてくるはずでした。

ただ、そのご家庭は異様と言ってもいいような状況でした。

授業には毎回、お父さんがついてきます。そして娘さんが問題を解くのにちょっと時間がかかるたびに、「何やってるんだ」「いつもぐずぐずして」「急げよ、昨日やっただろう」と延々、文句を言うのです。

お父さんと個人面談をしても、「あの子は努力が足りない」のひと言で片づけてしまいます。私は「彼女はちょっとマイペースなところはありますが、じっくり考えて、考えがまとまってから問題を解くスピードには目を見張るものがあります。本人のペースに任せてあげましょう」と提案するのですが、お父さんは聞く耳を持ちません。

彼女は、自分の頑張りを一度も認めてもらえず、毎日毎日、怒られ続けていました。

結果、成績が急降下。そのうちに病気がちになり、塾を休むことも増えていきました。しかしそれでも、お父さんは彼女を叱り続けます。頼みのお母さんも、自身が努力して難関校に受かったという方だったため、「この子は甘い」で終わりです。逃げ場のない彼女は、追い詰められていきました。

私は何とか、この状況を変えなければと考えていました。学力うんぬんの前に、彼女がかわいそうだったからです。

彼女はそのような状況でも、親の期待に応えようと一生懸命に勉強をしま

す。しかし精神的に追い詰められていては、結果が出るはずもありません。私はいよいよ「できているところを見て、ほめてあげてほしい。そうでなければ彼女はつぶれてしまう」と訴えましたが、お父さんは「もういい。こちらの言う通りに勉強をさせられない先生はいらない」と突っぱね、塾を替わっていきました。

6年生の後半になろうかというころ、彼女のお母さんから「今からもう一度勉強を見てもらえませんでしょうか」と電話がかかってきました。

聞くと、「60あった偏差値が今では40にまで落ち込んでしまっている。それでも父親の第一志望である難関私立中学に合格させたい。だから今からもう一度見てほしい」と言います。

助けになって差し上げたかったのですが、「絶対に第一志望に合格するという保証をしてください」と言われてしまいました。物事に「絶対」はありませんから、「それは難しい」とお答えしたところ、「じゃあ結構です」というお返事でした。

私は最後に、「お子さんとの関わり方についてご主人ともう一度、話し合ってみてください。あの子は本当に頑張れる子だし、伸びる力を十分に持った子です。どうかこの言葉を頭に残しておいてください」とお願いをし、受話器を置きました。親御さんの心をほぐして差し上げられなかった、当時の自分の力不足を思うと、また、あの女の子の必死に耐える目を思い出すと、今も心が痛みます。

ここまで極端な例はまれですが、否定はこのように、お子さんの可能性をつぶしてしまうどころか、本来ならばできるはずのことでさえ、できなくさせてしまう圧力を持っているのです。

お子さんとの関わりの中で、**「否定」をいかに取り除いていくか**を、この章ではお話ししていきます。

「〜してはいけない」ではなく「〜しよう」と伝える

子どもはコミュニケーションの経験値が少ないため、投げかけられた言葉をそのまま受け取ります。これがそのまま、「否定が子どもにとってプラスにならない理由」です。

親の思い通りに動いてくれないとき、あるいは、奮起を促そうとするときの否定を、子どもは額面通りのメッセージとして受け取ります。「お前はダメだ」と言われたら、そのまま「自分はダメだ」と受け取るわけです。

58ページでも述べたように、「認める」「見守る」「待つ」とは真逆の関わり方をしてしまっていることになるのです。

親に否定されると、子どもは「嫌われた」と感じてしまう

ドリルを真面目にやらない子に「どうしてちゃんとしないの！」

鉄棒の練習をしていて「そんな持ち方じゃダメだ！」

部屋中におもちゃを出しっぱなしにする子に「散らかさないでよ！」

親から否定されると、子どもは「お父さん・お母さんが自分のことを嫌いになっちゃった」と感じます。親からしてみれば、行動に対して「ダメ」と言っただけなのに、子どものほうは「お父さん・お母さんと自分との関係すべてがダメ」というふうにとらえてしまうのです。コミュニケーションの経験値が少ないのですから、仕方のないことです。

だからこそ親御さんには、**「なぜ否定するのか」**をもう一度、考えてほしいのです。

おそらく、「うまくいって喜ぶ子どもの顔が見たい」「本来持っている能力を十分に発揮してほしい」「ケガや病気をしてほしくない」という、子どもの幸せや安全を願

う気持ちと、親自身が安心したい気持ちが入り交じっているのでしょう。

それはとても自然な感情です。ただ、そこで考えてほしいのです。「子どもの幸せ」と「自分の安心」を両立するために、否定的な言葉を使わずに済ませることはできないだろうか、と。

わかりやすい例をひとつ挙げましょう。

「廊下を走ってはいけません」という張り紙と「廊下は歩いて移動しましょう」という張り紙とでは、子どもたちが廊下を走る割合は後者のほうが圧倒的に少ないという実験結果が出ています。

「〜してはいけない」ではなく、「〜しよう」と肯定的に伝えたほうが、子どもは素直に受け取り、行動できるのです。

「ダメ出し」は大人にしか通用しない

「そんなんじゃダメだよ。もっとできるだろう」「こんなこともできないの？」といったダメ出し。「奮起して本来の力を発揮してくれるだろう」という、親としての期待によるものであることは理解できます。

ただそれは、「もう一度頑張れ。お前ならきっとできる、という意味だな」という、ダメ出しに込められた真意がわかるからこそ有効なコミュニケーションです。

さきほど述べたように、子どもは「ダメだ」と言われたらそのまま「自分はダメだ」と受け取ります。そして、**「そんな自分が次に頑張ったって、うまくいくはずがない」**と考えます。そのため、チャレンジを避けるようになります。

ダメ出しに込められた「もっと頑張ったらできるようになるよ」というメッセージを、子どもはまだ受け取ることができないのです。

大人である私たちでも、ダメ出しをされると落ち込んでしまうものです。そこで奮起して「よし、やってやるぞ」という気持ちになる人がどれだけいるでしょうか。それが子どもなら、なおさらのことです。

それならば親御さんの真意が伝わるように、否定ではない声かけをしていきましょう。

特に、あなたが高学歴であったり、努力して社会的に成功してきたり、恥ずかしい思いをしたくないと自分を律してこられたりした方である場合は、要注意です。

このような方はダメ出しに対して奮起できてしまう、ごく限られた人だからです。

頑張れてしまうあなたが特別なのであって、お子さんを含めほとんどの人にとっては、ダメ出しを前向きなエネルギーに変えるのはとても難しいと理解してください。

「苦手を克服する」よりも「得意を伸ばす」ほうが将来有利

親はとかく、子どもに「何でもできる子になってほしい」と願うものです。そのため、苦手なことがあると心配になり、できていないことやダメなところを指摘して直そうとします。

しかし、これからの時代に求められるのは「苦手なことを克服させる教育」ではなく、「得意なことを伸ばす教育」です。24ページでもお話ししたように、時代の変化に伴い、「頭のいい子」の定義も変わりつつあるからです。

組織人として無難に働き、年功序列で階段を上がっていけば安泰だった時代は終わり、これからは、ほかの人にはない価値を世の中に提供できる人に仕事が集まる時代になります。みんなと同じでは、「その人をわざわざ選ぶ必要がない」と認識されてしまうのです。

そう考えれば、**「その子の強いところ、得意なところをどんどん伸ばす教育が、その子の将来にとっては有利だ」**という話も納得していただけるでしょう。

子どもはとことん「いびつ」がいい

勉強が得意で、スポーツ万能。実技科目もそつなくこなし、何でもできる優等生。もしもわが子がこうならば、親としては安心ですが、そんな子はまれです。何でも一番になりたいタイプの子なら自らその努力ができるかもしれませんが、大多数の子どもは、自分の好きなことだけ頑張ろうとします。それなのに「何でもできること」を求めてしまうと、好きなことに向けられるはずだったエネルギーが分散してしまい、その子の強みが育たなくなります。

何でもまんべんなくほどほどにできる人よりも、不得意なことはからきしダメだけれど、得意なことはとことん得意という、いわば「いびつ」な人こそが、これからの社会で力を発揮しやすいのです。

有名進学校も「いびつ」を勧める

実際、有名進学校の校長先生の多くは、「いびつ」がいいという旨のメッセージを発信しています。

灘中学校の先生は、こんなことを言っていました。

「うちの子たちが素晴らしいのは、全員が『自分の世界』を持っていること。たとえば、電車のことだったらあいつに聞こう、数学はあいつだ、ゲームに関してはあいつに聞けば間違いないというように、それぞれが必ず『この分野は○○だ』という専売特許を持っている。それは社会の縮図のようなもので、彼らは大人になっても、『ITの分野ならばあいつとあいつに聞けば何とかなりそうだな』というネットワー

子どもはとことん、「いびつ」がいい

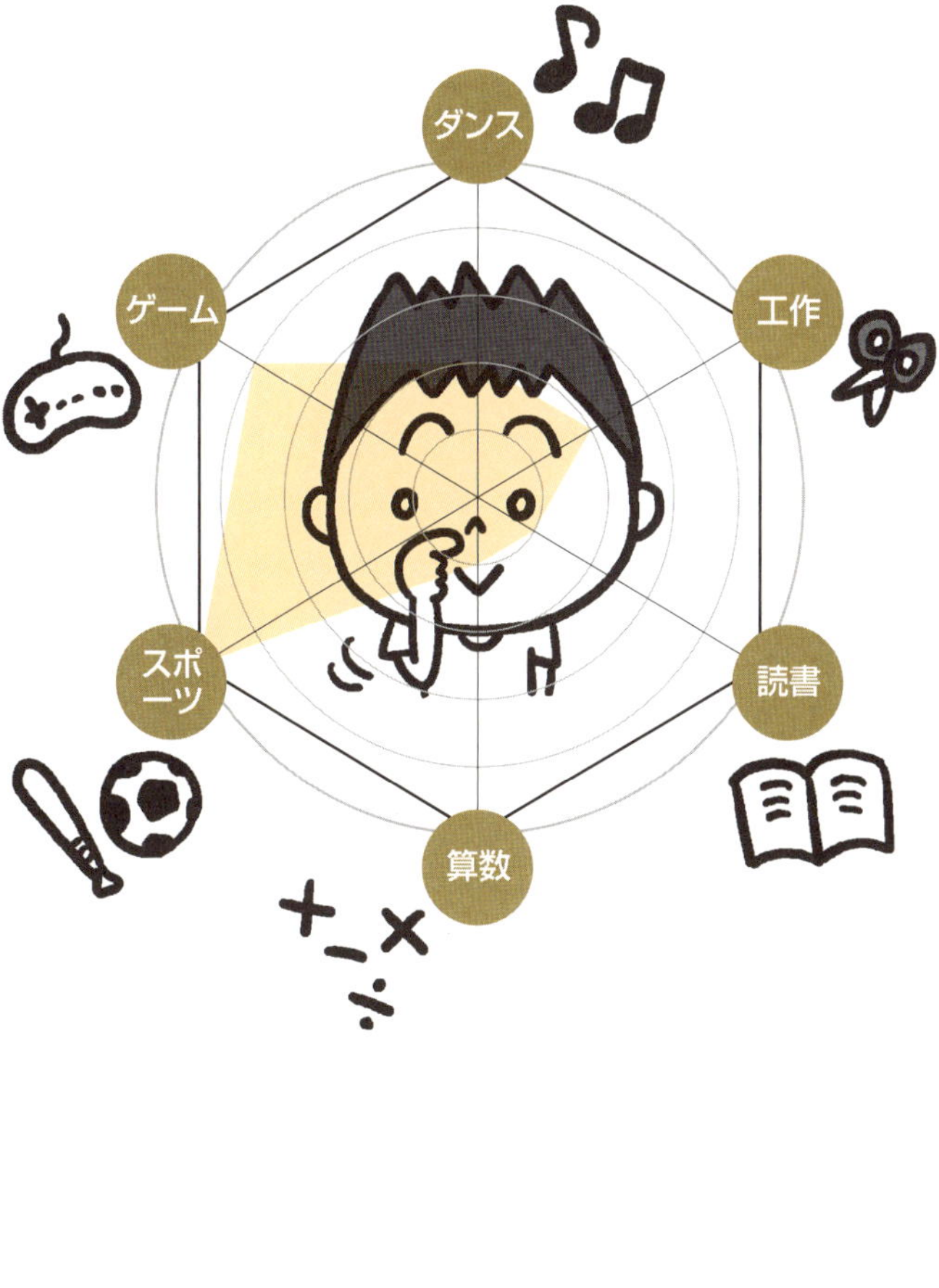

不得意なことはからきしダメでも、得意なことはとことん得意という「いびつ」な人が、これからの社会では力を発揮しやすい

クを作っていく。**自分の好きな世界をどんどん広げていけばいい**」

これは灘中に限った話ではありません。開成中学校の先生も麻布中学校の先生も、進学校、名門校と呼ばれる学校の説明会では、みなさん同じことを言っています。

もちろん、「得意」を伸ばす子育てをしたところで、子どもがその道で一流になるという保証はありません。ならば、「みんなができていることはひと通りできる大人にさせたい」と親御さんが願うのも、もっともです。

ただ、一度立ち止まって考えてみてください。果たしてそれは、本当に子どものためになっているでしょうか。突き詰めていくと実は、「苦手なことがあったら、後々子どもが困るのではないか」という自分の不安を払拭《ふっしょく》しようとしているだけではないでしょうか。

世の中の価値観は、「苦手なものがある」ことがよくないというものから、「飛び抜けて得意なことがない」ことがよくない、という方向に徐々に転換しつつあります。

ならば子どもを信じ、得意を伸ばす子育てにシフトするのが、本当に子どもの将来を考えた行動だと言えるのです。

親から見て「価値あるもの」が20年後も正解だとは限らない

「いびつ」の話をすると、こんな相談を受けることがあります。

「『算数は得意だけど国語は苦手』というくらいならば、まだ見守ることができます。ただうちの子は、**勉強も運動も嫌いで、ひたすらプラモデルを作ってばかり**なんです。心配で仕方がありません」

確かに、勉強にも運動にも興味を示さず、親から見てそれほど価値を感じられない趣味にばかり打ち込む子どもを見ると、不安に思うのもわからなくはありません。その子の将来が「勉強を頑張っていい大学に入学し、いい会社に入る」という、わかりやすい「理想」に当てはめづらいゆえに、不安に感じるのでしょう。

20年もたてば社会は大きく変わる

ここで気をつけていただきたいのは、**私たち親が知っている社会は「今現在の社会」**であるということです。子どもたちが世に出る「２０３０年代、２０４０年代の社会」ではないのです。

私が学生のころ、銀行員がどんどんリストラされる時代がくるとは誰も思っていませんでした。私の通っていた大学でも、複数の業界を吟味したうえで、銀行に就職していった同級生が多数いました。

しかし今や銀行員は、「ＡＩに置き換えられる仕事」の一番手と言われるまでになりました。20年やそこらで、社会はこんなにも変わるのです。

20年後の未来なんて、誰にも読めません。それなのに、子どもが好きで熱中していることに対し「それは将来に結びつかないからやめなさい」「こっちなら将来につながりそうだからやっていいよ」と口を出すのは、親のエゴでしかありません。何度も言いますが、未来なんて誰にもわからないのですから。

過去を振り返ればわかります。20年前、「ユーチューバー」という職業が生まれることを誰が予測していたでしょうか。

今の正解が、子どもたちが社会に出るころにはまったく通用しないかもしれないということを、私たち親は常に心に留めておく必要があります。

「とはいえ、目の前の勉強が不安だ」と感じたら

実際に中学受験の現場でも、**成績上位で楽しくやれている生徒の親御さんほど、子どもの「好き」を伸ばしています。**本人の好きなこと・得意なことを伸ばしながら「苦手なことも、できる範囲で頑張ってみよう」という方向に持っていくことで、

子どもが力を発揮しやすくなるのです。

逆に、あれもこれもと全部頑張らせようと親御さんのあせりが目立つご家庭は、子どもの成績が伸び悩みがちです。このような子は、自分の「得意ゾーン」を持てていないからです。

このようなご家庭の親御さんに「いびつ」の話をすると、「とはいえ先生、それではテストで点が取れないんですよ。下のクラスに落ちてしまいます。それでは困るんです」とおっしゃる方もいます。

そんなとき、私は次のような提案をします。

「本当にこの子を伸ばしたいのであれば、ひとつ、覚悟をしましょう。これから2カ月間は、割り切って、テスト対策の勉強を捨ててください。そして、**本人が好きな科目を、好きなように勉強**させてみてください」

結論を言ってしまえば、この方法を実行したところで、テストの点数が大きく下がることはありません。今までは4教科すべてをまんべんなく勉強しようとしていて、結局どれも身についていなかったわけですから、テスト対策を捨ててしまっても結果はあまり変わらないのです。

このようなお子さんには、まず本人が興味を持てる科目、つまり点数を取れる見込みのある科目に時間を割かせます。残りの科目は本人がわかる部分を中心に「これだけはやっておこう」という部分を大人が選んであげます。

すると「時間を割いた算数だけは点が伸びた」というように、**「いびつな成績」**を取るわけです。ほかの科目は勉強していない分、点数が下がる場合もありますが、意外と変わらないことも少なくありません。

どういうことかというと、とりあえず見込みのある科目だけを勉強させ、ほかの科目は「残り時間が限られているから、できることだけしておこうね」と負担を減らすことで、子どもは「たったこれだけで本当にいいの？　じゃあ、やる！」と頑張りやすくなるのです。

そうすると、「ほとんどすべての解答欄を埋めているけれど、×だらけ」という答案から、「解答欄は空白だらけだけれど、解いた問題には○がつく」という答案へと変わっていきます。すると結果的に、**全体が底上げされる**のです。

目先の2カ月を我慢するのは勇気がいりますが、我慢できれば、子どもの強みが育ちます。確かに私は中学受験指導のプロですから、ある程度うまくいく確証を持ったうえでサポートしています。しかし、プロによるサポートがなくても、取り組むことは同じです。子ども本人が「できると思うこと」を一緒に選んで、力を注がせてあげるのです。やがては子ども自らが「何に注力するか」を選び取れるようになっていきます。

「とにかくひと通りこなす」という方向から、「子ども自身が得意分野を選んで取り組む」方向に発想を転換すると、勉強に限らずあらゆる場面で、子どもが自ら主体的に取り組めるように育っていきます。

遊び方を観察すると、子どもの「天才」が見える

子どもは大人と違って、「やる前からあきらめる」という思考回路が備わっていません。**どんな子どもも好奇心の塊**です。目の前の物事について「これは何だろう」「自分もやってみよう」と思う性質を持っています。

けれども成長の過程で、何度かうまくいかなかったり、まわりの大人たちから「それは向いていないからやめなさい」「そんなことはいいから、こっちをやりなさい」と否定されたりすると、自ら「やってみよう」と思う機会がだんだん減っていってしまいます。

大人はよかれと思って助言しているつもりでも、結果的に子どもの意欲を削《そ》いでしまうのです。

ですから大人は、子どもの「やってみよう」を見守ってあげる必要があります。すると子どもは、好きなことにのびのび取り組んで、どんどん得意になっていきます。

その「好き」「得意」こそが、**子どもが生まれながらにして持っている才能「天才」**です。

子どもの目がキラキラ輝く瞬間を見つけよう

ここで私の言う「天才」は、「特別な人の特別な能力」という世間一般の使い方とはちょっと異なります。子どもそれぞれが持っている、でもまわりの大人がまだ見つけてあげられていない才能や個性のことなのです。

天才を見つける方法は、いたってシンプルです。「この子は何をしているときが楽しそうかな」と、子どもの目がキラキラと輝いている瞬間を見つけてあげればいいのです。

特に**子どもが遊んでいるときは、「天才」発見のゴールデンタイム**です。

いろいろな制約から解き放たれて、最も自分らしく、自分の心が動くままに頭と体を動かしているのが遊びの時間。遊んでいるときに「その子の本来の姿」が現れます。

スケッチブックに落書きをしているとき、「全体のバランスが整うように、左右対称に絵を配置しよう」なんて考える子はいないでしょう。描きたいように描くからこその落書きです。

親御さんは、お子さんが目をキラキラさせて落書きしているのを見たら、「池からワニが顔を出してるなんて面白いね」とか「女の子のワンピースの色使いが素敵」とか、あるいは「30分も熱中していたね。頑張ったね、すごいね」とほめてあげましょう。

親の目から見て「すごい」「面白い」と思うところがあったら、とにかくほめる。それだけで子どもの「天才」は磨かれていきます。

「好きな遊び」で学びに適したスタイルがわかる

ちなみに、子どもの好きな遊びからは、その子の感覚を読み取ることもできます。

好きな遊びには、その子が得意とする「学びのスタイル」が表れるからです。

何かを学び、習得するのに適した方法が、子どもの遊び方から見えてくるのです。

たとえば好きな遊びが落書きなら、その子の「天才」の芽は「物事を映像で把握する力」や「想像力」「共感力」などにありそうです。絵を描くのが好きということは視覚が優れているということですし、絵を描くにはイメージをふくらませたり、描く対象に共感したりする必要があるからです。

そのような子が何かを学ぶときには、「色や図を用いた説明」「説明を聞くときに状況を頭の中でイメージする」といった方法を取ると、習得が早いでしょう。

次のページに「好きな遊び」と「そこから見える才能」「学びに適したスタイル」の表を掲載しました。もちろんこの表がすべてではありませんが、お子さんに隠れて

好きな遊びからわかる学びのスタイル

好きな遊び	見える才能	学びに適したスタイル
かくれんぼ	展開を推理する力、ストーリーの想像力	クイズ形式、あいづちを打ちながら聞いてもらう
走り回る遊び	感覚でとらえる力、リズム感	体の姿勢をうるさく言わずに集中させる、まとまった時間でまとまった分量を学ぶ
落書き	映像でとらえる力、想像力、共感力	色や図を用いた説明、頭の中でイメージしながら説明を聞く
替え歌・しりとり	言葉を聞き取る力、リズム感、記憶力	音読、読み聞かせ、語呂合わせ
積み木・ブロック	空間把握力、立体感覚、応用力、試行錯誤する力	問題条件を整理してから考える、言葉を段階的に組み立てて文を作る
工作	想像力、手先の器用さ、立体感覚、観察力	全体像を見せてから学習を進める、自分で考え解いてみて納得する、原因と結果を明らかにした学び方
人形遊び	共感力、ストーリーの想像力	具体例と結びつけて学習する、ゆっくりと単元イメージをつかんでから詳しく学ぶ
ゲーム（ロールプレイング）	情報を収集・整理する力、調べる力、継続力	成長が目に見えるこまめな確認テスト、辞書・インターネットなど調べるツールを準備する
ゲーム（シューティング）	瞬発力、突破力	タイムトライアル形式でのドリル学習
ゲーム（パズル）	映像でとらえる力、試行錯誤する力	色や図を用いた説明、手を動かして行う学習

いる才能や適した学び方を見つけるヒントにしてください。

親の設計図通りの子どもにしようとしていませんか？

「子どもの天才を見つけよう」というメッセージの根本にあるのは、**「親の設計図にお子さんを当てはめたいですか？」**という問いかけです。

セミナーや面談で「お子さんにはどんなふうに育っていってほしいですか？」という質問をすると、ほとんどの親御さんが「本人なりに幸せな人生を歩んでいってほしい」と答えます。

しかし現実には大多数の親御さんが、自分が描いた設計図を渡してしまっています。

親は誰しも、子どもに自分との共通点を見いだし、自分と一緒であってほしいという潜在的な思いを持っています。そのため知らず知らずのうちに子どもを自分の思い通りに動かそうとしてしまい、結果、子どもが本来持っている「天才」の芽を摘《つ》んでしまう、そういうこともあるのです。

「ポジティブなフィードバック」で積極的な子に育つ

子どもが熱中していることを発見して、それにとことん付き合い、子どもの「好き」と「やる気」を伸ばす。これによって子どもの「得意」はどんどん伸びるというお話をしてきました。

ここでは、お子さんが好きなことに熱中しやすくなる方法、**子どもの「積極性」を伸ばすほめ方**をご紹介します。

「自分にもできそう」と思うから、やってみたくなる

「積極性」とは、子どもの言葉で言うと**「やってみようかな」**です。
ですから、積極的な子どもになってほしいと思ったら、この「やってみようかな」を増やせばよいのです。

子どもの「やってみようかな」の前には、**「自分にもできそう」「面白そう」「いいことがありそう」**という予感があります。何かできそうなワクワク感があるからこそ、行動を起こしたくなるのです。

「つらそうだなあ。しんどそうだなあ。でもこの茨《いばら》の道をかき分けていった先に自分の成長があるんだ」なんて言う5歳児がまわりにいますか？　あまりいないと思います。一方で、ドキドキしながら思い切ってすべり台をすべってみたあと、「次はあっちもすべりたい！」と言う3歳児はいくらでもいますよね。

つまり、**「できそう」という予感が多ければ多いほど、「やってみようかな」と一歩踏み出す機会が増える**ということになります。

新しいことにチャレンジさせたいときに「まずやってみよう」「いいからやってみ

て」と、とにかく経験させようとする親御さんがいますが、それよりは、子ども自身が「できる」とわかっていることに取り組ませてあげて、そこから自然発生的に、「あれもやってみよう」「これもやってみよう」と自ら踏み出すように導いたほうが、積極性は、はるかに伸びます。

その**「できそう」という予感を増やす最も効果的な方法は「日常生活におけるポジティブなフィードバック」**です。

たとえば、子どもが砂場遊びをしていたとしましょう。

「富士山を作る！」と勇んで砂山を作っていたものの、途中で崩れてしまいました。

そんなとき親は、「あーあ。土台をちゃんと固めずに進めるから、崩れちゃうんだよ」などと言ってしまいがちです。

親はアドバイスのつもりでも、子どもはそうは受け取れません。できなかったことだけが記憶に残ります。

一方、「山は崩れちゃったけど、1時間も頑張っていたね。すごいね」と声をかける親御さんもいます。これが「ポジティブなフィードバック」です。**できていたこ**

とをほめるのです。

前者の子どもは、新しいことを前にすると「またうまくいかなかったら嫌だから、やめておこう」と考えがちです。

後者の子どもには、「自分は1時間も頑張った」という記憶が残ります。そのため、別の機会に親が「この工作をやってみようよ」と誘ったとき、初めは「えー」と尻込みしても、「所要時間30分って書いてあるよ」と教えられると、「富士山作りに1時間頑張れたんだから、30分ならできそうだ。やってみよう」と考え直すことができるのです。

大切なのは「最終結果」にとらわれないことです。「できた」「できない」という結果で判断しては、ほめる機会は減ってしまいます。

結果としてうまくいかなかったことの中にも、本人の頑張りが見えたり、ちょっとした工夫をしたりといった部分が必ずあるはずです。そこをほめてあげるのです。

当たり前のことをほめると、当たり前のことがきちんとできる子になる

ほめ方の話を続けましょう。ほめるのが苦手な親御さんは、子どもがしたことに対し「そんなの当たり前」で済ませてしまいがちです。

「当たり前のこと」をどんどんほめる

たとえば子どもが「宿題終わったよ」と報告してきたとき。

確かに宿題は、大人の考えではやって当たり前のことです。でもそこで「そんなの当たり前でしょう。いちいち報告しなくていいよ」と答えてしまうと、やっぱり子ど

もはしょんぼりします。

そこを「宿題お疲れさま。えらかったね」という声かけに変えることで、子どもは「当たり前のことを当たり前にできる子」に育っていくのです。

「そんなことでほめていいんですか？」と驚く親御さんもいます。いいんです。どんどんほめてあげてください。

小さなことをほめられてきた子は、大きなチャレンジができるようになります。

余談ですが、学校現場や塾業界は「ダメ出しぐせ」のついた大人が非常に多い業界です。ですから私が設立した個別指導塾では、「×の中にある○を見つける力」を講師たちに求めてきました。

「×」になった問題を、「できていないじゃないか。もう一度やり直し！」と言うのは、誰にでもできます。しかし、「結果的に×になったけれど、ほら見てごらん、出だしの式は立てられているよね、次の計算も合っているでしょ。問題の考え方は理解できている証拠だよね」とほめたうえで、「この続きをもう一度考えてごらん」と、そっと促してあげられるかどうかは、人によって大きく差があります。

総じて、日ごろから楽しそうによく笑う人ほど、「×の中にある○を見つける」ことの上達が早いですね。**よく笑う人は、ものごとのいいところに目が向きやすい人ですから、「最終結果」だけにとらわれない**のでしょう。

間違ったほめ方に気をつけよう

ここまで述べてきたように、子どもはほめて育てることが大切です。いいところを見つけてどんどんほめてほしいのですが、気をつけたいポイントもあります。

①ほかの誰かと比較しない

「○○ちゃんより上手だね」「クラスで一番だね。みんなよりすごいんだね」。このような、**ほかの誰かとの比較を盛り込むほめ方は、今すぐやめましょう。**自分の中に比べぐせがついていたら、頑張って消していきましょう。基準が「ほかの人より優れているかどうか」になると、まわりの子のテストの点数をやたらと気にするようになったり、自分よりできない子を見下したりするようになるおそれがあります。

②本人が喜んでいないのにほめない

たとえばサッカーの試合で、わが子が1点決めたけれど、ライバルチームのエースストライカーに3点決められて負けてしまったとしましょう。子どもが悔しがって泣いているところに「点を決めてすごかったね」とほめるのは、逆効果になる場合があります。

ほめることには、本人の手応えを自信に変える効果があります。**本人が手応えに納得していないのにほめると、かえって傷つけてしまう**ことがあるのです。

とはいえ、頑張った子どもをほめてあげたいのが親心というものでしょう。

そんなときは「お父さんはすごいと思った」「お母さんはかっこいいと思った」と、必ず「私（I《アイ》）」を主語にした「アイメッセージ」で伝えてあげましょう。

「あなたは納得していないかもしれないけれど、私はすごいと思った。だから私は勝手に喜ぶよ」、これでOKです。子どもに「せっかく点を決めたんだから喜びなさいよ」と強要する必要はありません。それよりも、「アイメッセージ」です。

③社会のルールを逸脱していることをほめない

当然のことながら、子どもがよその家の外壁に落書きをしているのを見て「いい絵を描くね」とほめる親はいないでしょう。

仮にそこでほめ、「あなたの絵は素晴らしいから、どこにでも好きなように描きなさい」と育てると、絵の才能は伸びるかもしれませんが、それよりも重要な、この社会で生きていくためのルールを無視する人になってしまいます。

社会のルールを逸脱している場合は、毅然とした態度で叱らなければなりません。

アドバイスは子どもが求めてから

場合によっては、ほめるだけでなく「もっとうまくいくように、アドバイスをしてあげたい」という場面もあるでしょう。

そんなときは、できていることをほめたあとで、**「もっとうまくいく方法がある**

んだけど、聞きたくない？」と、子どもを乗せてみるといいでしょう。

アドバイスを受け入れる態勢が整っていれば「聞きたい！」と食いついてくるはずです。そこで初めて「大きなお山を作りたいときは、土台をしっかり固めるんだよ」などと教えます。

子どもが続きを聞きたくなるような話の持っていき方をするのです。

「このほうが大きなお山が作れるよ」というアドバイスも、子どもが「そうしたい」と思っていなければ、「押しつけないで！」と拒否感を持たれて終わるだけです。

アドバイスをするなら、子どもが求めてから。これが鉄則です。

好奇心のない子はいない。子どもの好奇心の見つけ方

ここまで「熱中しやすくなるほめ方」をご紹介してきましたが、中には「うちの子は何事にも熱中しない。好奇心がないのでしょうか」と相談に来る親御さんもいます。

はっきりと言えることがひとつあります。**「好奇心を持たない子どもなんて絶対にいない」**ということです。

子どもの好奇心を見えにくくする3つの要因

ただ、次に挙げる3つの要因によって、好奇心が表に出づらいことがあります。

①ひとつのことをじっくり味わうタイプの子

「この子、本が好きなんだな」とわかりやすいのは、たくさんの本を次から次へと読んでいる子でしょう。

一方で、おとといも昨日も今日も同じ本をめくっている子がいるとします。読む速度もゆっくりで、同じページを何度も読み返したりしています。

こういう子は「本が好き」とは見られにくいかもしれません。「同じ本ばかり読んで、変化に乏しい」「新しいことに対する好奇心がない」と感じる親御さんもいることでしょう。

しかし、**同じ本をいつも読んでいるような子は、想像をふくらませながら、ひとつのお話をじっくりと味わっている**可能性があります。本に触発されて自分なりのストーリーを作っていたり、本には書かれていない登場人物や場面に思いをはせていたりすることも考えられるのです。

静かに自分の世界を広げていくタイプの子は「好奇心がない」と誤解されることがありますが、この子はこの子なりの好奇心や探究心を持っています。

②まわりの人の気持ちに気がつける優しい子

自分が「いいな」と思うことに飛びつく前に、親の顔をちらっと見る子がいます。**「これに飛びついたらお父さん・お母さんは喜ぶかな」**と、瞬時に確認しているのです。とても優しい子ですが、自分の素直な気持ちをあと回しにするくせがつきやすい子でもあります。

こういうタイプの子は、「認める」「見守る」「待つ」を親が実践し続けていくことで、「いいな」と思ったことに対して無邪気に飛びつけるようになります。

③自分の興味を押しつけてしまう親

親が「この分野に興味を持ってほしい」と考えて、本を買ったりイベントに連れて行ったりしても子どもが一向に興味を示さない場合、「この子は好奇心がない」と思ってしまうことがあります。

実は子どもはほかのことに興味を示しているのだけれど、親のほうがその分野に興味がないため、その好奇心に気がつきにくいのです。

もしもお子さんに対して「好奇心がないな」と感じたら、**「子どもの持つ好奇心に自分が気づけていないだけなのではないか」**と問いかけてみましょう。

すべての子どもは、好奇心を持っています。その前提に立って、お子さんをよく観察してみましょう。今まで見えていなかった好奇心が、目に飛び込んでくるようになります。

子どもの好奇心を発見するのは決して難しいことではないのです。

自分が「否定しがちな親」だと感じたら

ここまで読んできて、自身のことを「ああ、自分は否定しがちな親だったな」と感じる親御さんもいるかもしれませんね。

ただ、すでに述べたように、反省したり、自分を責めたりする必要なんてありませんよ。新しい知識を身につけたのですから、一歩前進です。グッドです。

子どものことをつい否定しがちな人の多くは、**「親を安心させよう」「親の期待に応えよう」**と、子どものころから頑張り続けてきた人です。

あるいは、親にはあまり口うるさく言われなかったけれど、たとえば大学受験や就職活動で挫折した経験がある人という場合もあります。

これまでの自分の頑張りを認める

頑張って親の期待に応えてきた親御さんは、「自分と同じように頑張っていかないと、子どもが将来、困るのではないか」という不安をお持ちではありませんか。その不安は、「あれもできなくては、これもできなくては」と気を回しすぎることにつながり、そのせいでお子さんのありのままを認めることが苦手になりがちです。

頑張ってきた親御さんへの処方箋は、まず「自身の頑張りを認める」こと。

「いい親でいようと頑張ってきたなあ。さすがに疲れたな」「今思えば、必死の毎日だったな。われながらよくやった。自分エライ！」と、今までの努力を振り返り、認めてあげましょう。すると、心がふっと楽になり、お子さんに対してだけでなく、世の中全体の見え方が変わってきます。

「わかっていても、自分を認めるなんて難しい」「私は本当に、何も頑張っていないから……」と、自分を認めることが苦手な方もいらっしゃるかもしれませんね。

でも、あなたはすでにとても頑張っています。左ページの「頑張っているリスト」を見て、自分ができていることをチェックしてみましょう。**親として生きている**だけで、**1日の中でもいろいろなことを頑張っている**と実感できるはずです。

パートナーの人生観を聞いてみる

否定的な発言をしがちな人は、パートナーの力を借りるのも手です。

きっとパートナーは、あなたとは違うキャラクターを持っているはず。パートナーがおおらかなタイプなら、「私は細かく口を出しちゃうから、外遊びのときはあなたがあの子を見ておいて」などとお願いすることもできるでしょう。

パートナーの考え方を聞いて、**「自分とは違うけど、そういう考え方もあるんだな」**と、ぼんやり「認める」ことができると、気の持ちようもだいぶ変わります。

頑張っているリスト

あなたは十分頑張っています。
親のあなた以外に、わが子にこんなことができますか？

□いつも清潔な服を着られるよう、こまめに洗濯する

□１日に１回以上、子どもと一緒に食事をとる

□自分なりの頻度でそうじをして部屋の清潔を保つ

□歯の仕上げ磨きをする

□体調が悪いとき、病院へ連れて行く

□「見て見て！」とせがまれたら、手を止めて要求を聞く

□本を読み聞かせたり、遊びにつき合ったりする

□子どもの好きなテレビ番組を知っている

□誕生日やクリスマスには、何をあげたら喜ぶか考える

□子どものリクエストを聞いて一緒に出かけたことがある

□パートナー（もしくは先生など身近な大人）と子どもについて話し合う

□仕事中にふと、子どものことを思い出す

□街なかで「ママ！」「パパ！」という声を聞くと、ハッとなって思わずまわりを見渡す

□保育園や幼稚園、小学校からの手紙を毎日確認する

わが家の例になりますが、妻と私とでは、みごとに性格が違います。

私は根っからのいい加減。「何とかなる」で生きています。

一方の妻は、何事にもきちっと準備して挑むタイプ。待ち合わせ場所には15分前に着きますし、忘れ物なんてしようものならひどく落ち込みます。学生時代の試験も、しっかり準備してから臨んでいたようです。

そして本稿執筆中の2019年1月現在、中学入試真っ只中である息子の性格は、私にそっくりです。試験前でもピリピリせず、まったくあせりません。

そんな息子の姿を見て、妻があせったり、いら立ちを覚えたりする様子は想像に難くないでしょう。「そろそろ勉強を始めなくていいの?」「もう勉強やめちゃったの?テレビを見ている暇があったら、もっとやるべきことがあるでしょう」と、口を出したくてたまらないことも多いようです。

だからこそ、息子の状況確認を最終的に行うのは私。似た者同士でだいたいわかりますから、「まぁ、大丈夫やろ」と妻に伝えて終わり。

息子も「そうそう、ダイジョブ、ダイジョブ」と飄々《ひょうひょう》としています。妻のほうは「このテキトーコンビめ～！　意味わからん！」と冗談めかして言いながら、気持ちに折り合いをつけています。

もしもパートナーがあなたと同じようなキャラクターで、違う観点から子どもへの関わりを求めるのが難しいなら、お互いの両親の話をしてみましょう。お子さんを否定してしまいがちなところが夫婦で似ているとしたら、解決のヒントはおじいちゃん・おばあちゃんの育て方にあるかもしれません。

自分の両親のどちらの考え方をより強く引き継いだのかに気づくだけでも、子どもへの接し方は変わってきます。

また往々にして、「パートナーも同じ意見だ」と思っていたことが「実はパートナーがこちらに合わせてくれていただけだった」ということもあります。腹を割って、夫婦で人生観を語り合ってみましょう。

✓ 誰かにほめてもらう機会を作る

親に口出しされずに育ったものの、大学受験や就職など、人生の大きな局面でうまくいかなかった経験があり、自身の来歴に物足りなさを感じている親御さん。

自分が望んだ道に進めなかった経験を引きずっていると、「子どもにはこんな思いを味わってほしくない」という気持ちが強くなり、自分の育てられ方と違うことをしようとします。その結果、**「細かく口を出す」「ことあるごとに否定する」**という行動につながりがちです。

ただ、自分の満たされなかった思いを子どもで取り戻そうとしても、決して取り戻せるものではありません。いくら子どもが立派に育っても、満たされない思いはいつまでも続いていくことになります。大切なのは、**「目標通りの人生ではないとしても、それはそれでいいんじゃないの」**と、自分自身と自分の親を許すことです。「今の自分もなかなかいいよね」と思えれば、心の渇きは癒《い》えていきます。

そして、自分を許すのと同時に、家族や友だちに思いっきりほめてもらう機会も作りましょう。

ほめる子育てを苦手とする親御さんは、そもそもご自身があまりほめられていないものです。子どもをほめて育てたかったら、まずパートナーに自分をほめてもらう。夫婦で互いにほめ合う。これに尽きます。**自分が毎日ほめられている人は、ほかの人をほめることができます。**逆に、自分がほめられていなければ、ほかの人をほめることはできないのです。

仕事から帰ってきたら「お疲れさま、今日も頑張ったね」。ご飯を食べたら「おいしかったよ。ありがとう」。掃除のあとには「ありがとう。きれいになって気持ちいいね」。1日3回、ほめられる回数が増えれば、子どもをほめる回数も圧倒的に増えていきます。

ネガティブ面を
ポジティブに変換するコツ

子どもの未来を一生懸命考えれば考えるほど、その「未来」と「今」とのギャップで、子どもの「欠点」がたくさん目についてしまう。それは普通のことです。

子どもの成長を願うからこその感情ではありますが、親の基準で欠点だと判断した部分が本当に欠点であるかと言うと、必ずしもそうとは限りません。

子どもの「困ったな」「このままで大丈夫かな」と思える面は、見方を変えると、親が教えなくても、鍛えなくても、すでに発揮できている「魅力」でもあるのです。

「落ち着きがない」のではなく、「好奇心と行動力にあふれている」。「じっとしていて消極的」なのではなく、「納得するまで深掘りして考える力がある」。このように、ネガティブ面をポジティブに変換して考えてみましょう。

変換のコツは、「この子は素晴らしい。絶対できる」という揺るぎない信頼を持つこと。これは実際に私自身が持っている信念でもあります。「うちの子は大丈夫」と無条件に信頼してあげましょう。そうすると、一見ネガティブに思えることも、「ポジティブに考えるとどうなんだろう」と発想を変えることができます。

第3章

頭のいい子の親は「与えすぎない」

「与えすぎ」は子どものエネルギーを奪う

「見守る子育て」を阻《はば》んでいる大きな原因のひとつに、親による「与えすぎ」があります。

子どもの興味に応じた適切な経験を与えるのはいいことなのですが、子どもの将来を真剣に考えるあまり、**ものであれ体験であれ、あれもこれもと与えすぎてしまう**親御さんが増えている印象があります。子どもが望んでいないものをあれこれ与えるのは、単なる「押しつけ」になってしまいます。

わかりやすい例は、小学生のわが子の放課後の時間を、習い事で埋め尽くしている親御さん。「30分刻み」や「1時間刻み」といった、大企業の社長さんのようなスケジュールで習い事に通わせているようなご家庭もあるのです。

学校の近くまで迎えに行き、車の中で着替えさせて体操教室に送り、そのあとに英会話へ。翌日にはプログラミング教室。週末には「有意義な感じ」のイベントに参加。

このように、親から見て「教育によさそうなもの」をあれこれと与えられている子どもがみんな、成績優秀で学力の伸びが素晴らしいかというと、意外とそうでもありません。むしろ**伸び悩み、苦労している子が多い**のが現実です。

習い事で「授業の先回り」をさせる親

ある親御さんの姿が印象に残っています。

その親御さんは、学校の授業の先回りをさせるように、お子さんをさまざまな習い事に通わせていました。

体育で鉄棒をすることがわかったら、その1、2カ月前から体育の家庭教師に預けて逆上がりの特訓。図工で絵を描く課題があるとわかったら、絵画教室に預けてまた特訓。こうして学校の授業を先取りし、子どもを「何でもできる万能な子」に育てようとしていたのです。

お子さんの様子を見ていると、習い事それぞれを嫌っているわけではないのですが、さして好きでもない。学校では「何でもできてすごいね」とほめられるそうなのですが、「習ってるし……」と、それほどうれしくもなさそうです。

子どものためを思って与えている習い事が、お子さんにとっては「こなすもの」になっていて、現実にはお子さんの心のエネルギーになっていない。

そう感じた私は、親御さんに、このような形で習い事をさせる意図を伺うと、「できない姿をみんなの前でさらけ出して、傷ついてほしくないじゃないですか」という答えが返ってきました。

こういう親御さんは意外と少なくありません。特に、私立小学校にお子さんを通わせている親御さんによく見られます。もしかしたら「お受験」の延長で、「先生に失敗を見せられない」という意識がすり込まれているのかもしれません。

しかしさきほど述べたように、あれもこれもと詰め込まれている子どもは、その後、伸び悩むことがほとんどです。

確かに**「まわりの子よりも先に経験している」というアドバンテージはあるのですが、それが「能力の開花」には結びつかない**のです。

一方、厳選してひとつかふたつ、大好きな習い事をしていたり、ひとつも習い事をしていない子が、びっくりするような伸びを見せることがあります。

週に一度、大好きな実験教室に通っている子が理科の成績をぐんと上げたり、習い事をしないで、空いた時間は自由に過ごしている子が、なぜか学年でトップの成績を取るようになったりというケースです。

たくさん与えられているのに伸び悩む子どもと、それほど手をかけられているように見えないのに能力を開花させる子ども。両者にはどのような違いがあるのでしょうか。この章では**「与えすぎない子育て」**について考えていきましょう。

「ボーッとしている時間」に体験が自分のものになる

習い事をさせたり、イベントに連れて行ったり、よさそうな教材を買い与えたりと、子どもにさまざまな体験をさせることは、一見素晴らしい関わりに思えます。それなのになぜ、子どもが伸び悩んでしまうのでしょうか。

体験を自分のものにするには、時間が必要

その理由は、「体験したこと」を子どもが身につけるプロセスから説明することができます。

体験したことが「自分のもの」になる、つまり、体験が身につくときの子どもはどんな様子かと言えば、たいていの場合、**親から見れば「ボーッとしている状態」**です。

リビングでゴロゴロしながら「今日の英語のレッスンで教えてもらった歌は面白かったな」と思い返したり、ぼんやりとテレビを見ながら「あっ、この泳ぎ方、今日習った！」と発見したり。こういった時間の中で、子どもは体験したことを自分のものにしていきます。これが子どもなりの「学習」の仕方です。

子どもは、体験したことを「自分のもの」にするまでに時間がかかります。

習い事の時間だけでは、子どもは習ったことを身につけられないのです。

ですから、1日のうちに習い事をいくつも掛け持ちさせたり、日替わりでさまざまな習い事に通わせたりすると、頭の中がぐちゃぐちゃのまま次の予定に向かうことになります。忙しすぎると、習ったことを思い出しながらボーッとする時間が取れず、習ったことが身につかないのです。

そう考えると、習い事は本人の気持ちが乗るものだけに絞るほうが効果的、という話も納得していただけるでしょう。**子どもの時間の中にフリータイムが多ければ多いほど、子どもは自由に考えを巡らせることができます。**その間に体験したことをじっくりと確認し、吸収していくのです。

ですから**習い事は「一点豪華主義」。**必ずしも「ひとつだけ」でなくて構いませんが、ひとつかふたつ、本人の気持ちが乗るものだけにしたほうが、子どもの意欲は伸ばしやすいでしょう。

忙しいと「心」が動かなくなる

忙しすぎることのデメリットは、ほかにもあります。

忙しいと、目の前のことで精いっぱいになってしまい、「今日はダンス教室の日だ！」と楽しみにしたり、「今日はダンス教室に行くの嫌だな」とおっくうに感じた

体験が身につくときの子どもはボーッとしている

体験したことを自分のものにする、つまり体験が身につくときの子どもは、たいていの場合、親から見れば「ボーッとしている状態」に見える

りといった「心の動き」がなくなってくるのです。

心の動きがなくなると、習い事は言われたことをただこなすだけの時間になってしまいます。すると上達もしませんし、習い事で得た経験をほかに生かすこともなくなります。

プラスの感情にせよマイナスの感情にせよ、習い事のことで心が動くのは、とても大事なことです。**子ども自身が、習い事を「自分のこと」として考えている証拠**だからです。

楽しみにしているならともかく、「行きたくないな」とネガティブな言葉を発していると心配になる親御さんもいるかもしれません。よほど苦痛に感じているようなら「つらいならやめてもいいんだよ」と聞いてあげることも必要ですが、そう言いながらもやめたがらないのであれば、「そう、嫌なんだ」とお子さんの気持ちを認め、見守ってあげましょう。たまたまテンションが下がっている時期なのかもしれません。

「時間の主導権」を子どもに渡す

私がお伝えしたいのは、**「時間の主導権」を子どもに渡そう**ということです。

子どものことを思うあまり、あれもこれもと詰め込んで、子どもが今日1日の体験を自分のものにする時間を奪っていないでしょうか。

子どもが体験したことを「自分のもの」にしていくプロセスは、親の目からはボーッとしているようにしか見えず、わかりづらいものです。しかし子どもにとっては大切な時間です。

自らの「好き」や「得意」を十分に発揮できている子は自分の時間を与えられている子です。

「空いている時間を何かで埋める」という発想は捨ててしまいましょう。そして、子どもが体験を自分の中に取り込んでいく様子を、優しく見守ってあげましょう。

親が「あれもこれも」と考えてしまうときの歯止めになるはずです。

習い事は「何をさせるか」よりも「子どもが夢中になれるか」が大事

習い事は詰め込みすぎず、「一点豪華主義」でいい。

このお話を子育てセミナーですると、質疑応答の時間に「ならば、習い事はどれを選ぶのが正解なんですか？」という質問をよく受けます。

習い事は、小さいお子さんをお持ちの親御さんにとって関心の高い話題です。それだけに、気をつけないと、親から子どもへの「押しつけ」が生まれてしまいやすいものでもあります。

「この子に何が向いているか」は誰にもわからない

私はかつて、衝撃的な面談をしたことがあります。
面談にいらしたのは、小学2年生の子を持つ親御さん。裕福なご家庭です。
相談内容はこうでした。

「うちの子にはサッカーとバイオリンを習わせている。どちらもそれなりの実力を持っている。でも中学受験のために勉強もさせたい。サッカーか、バイオリンか、受験か。どの道を選ばせるのがベストか、先生に決めてほしい」

私はあっけに取られ、「それはお子さんの『好き』や『得意』の方向性を探りながら、ご家庭の中で決めるのがいいと思いますよ」とお答えすると、「でも、投資と回収の観点から見れば、無駄なことをやらせたくない。うちの子に向いていて、将来に役立つ方向に全投資したい」という言葉が返ってきたのです。

ちょうど2008年ごろのことです。フィギュアスケートの浅田真央さんやゴルフの石川遼さんなど、スポーツの分野で若くして才能を開花させる人が目立ち始めた時期で、メディアも「真央ちゃんや遼くんのような子に育てるには?」という特集をたくさん組んでいました。

この親御さんも、そのような情報に刺激されたのかもしれません。

メディアに影響される気持ちはわからなくもありませんが、子どもを投資の対象のように見ることに、共感できなかったのを覚えています。

はっきり言えば、「この子に何が向いているか」なんて、誰にもわかりません。

親にできることは、子どもをよく観察して「あなたはこれが好きだよね」「あなたはこれが得意だよね」というように、「好き」や「得意」を見つけ、本人に教えてあげること。それ以上でもそれ以下でもありません。

得意だからと本人の意思を無視して「この道で生きていきなさい」と押しつけてしまうと、子どもが主体的に生きる力を弱らせてしまいます。

「習い事そのもの」よりも「子どもが夢中になる体験」に価値がある

子どもが就学前や小学校低学年だと、親が希望する習い事に通わせる場合が多く、それゆえ過剰に熱を入れてしまうのかもしれません。

ここで重要なのは、**「習い事に通わせる」というプロセスと「だから才能が伸びる」という結果を結びつけない**ことです。「音楽教室に通わせる。だから音楽の才能が伸びる」。このようにプロセスと結果を直結させてしまうから、「投資・回収」という思考にはまってしまうのです。

習い事を通して何を感じ取り、どう生かしていくかは子ども次第。自分なりにやってみたという経験を得られることが大きいのであって、習い事の内容自体はさほど問題ではありません。結果的に好きで長続きすれば、それは子どもにとって素敵なことであるというだけのことです。

親はスイミングやピアノ、英語など「ことがらそのもの」に価値があると思いがちなのですが、いくら「教育によい」「これからの時代に必須」と言われているものでも、その子が興味を示さず惰性で取り組んでいたら、得られるものは少ないのです。価値があるのは「ことがら」よりも「子どもが夢中になる体験」です。

ですから、習い事は**子どもがハッピーになるもの**を選びましょう。

習い事に通わせることによって得るものがあるとしたら、それは習い事が与えてくれるのではなく、習い事をする子どもの感じ取り方にかかっているのです。

習い事をしないことの利点

もしかしたら、習い事をさせていないことに不安を覚える親御さんもいるかもしれませんね。でも、心配はいりません。習い事をしないことによって、**親子で一緒に過ごす時間が増えるというメリット**もあるのです。

習い事は子どもがハッピーになるものを

習い事は「ことがら」そのものに価値があるのではなく、子どもが夢中で取り組んでこそ価値が生まれる

習い事があったら、練習やおさらいに最低でも週2時間は取られるでしょう。その2時間、一緒にテレビを見たり、おやつを食べたりできるんです。素敵なことです。

わが家でも、スイミングをさせてきたぐらいで、英語もプログラミングもピアノもさせていません。「まったり」することが大好きな息子は、妻と一緒にテレビドラマを見たり、アニメキャラクターのものまねをし合ったりして楽しそうに過ごしています。

家庭で親子がのんびり一緒に過ごすのも、子どもにとっては十分に実りある時間です。

「自分で選ぶ」経験はたくさんのメリットをもたらす

「与えすぎはよくない」というお話をすると、中には「子どもに習い事をさせたり、ものを買い与えたりするのはよくないのですね」と受け取る方もいらっしゃいますが、決してそういうことではありません。子どもの興味・関心を無視した押しつけや、子どもがボーッとする時間もなくなるほどの詰め込みがよくないだけです。

大事なのは、親が選んだものを一方的に押しつけるのではなく、**子どもに「自分で選ぶ経験」を積ませる**ことです。好きなものを選べば、そこから得るものも大きくなりますし、責任感や自立心も育ちます。

子どもの判断を大事にしよう

たとえば書店に行き、「どの本を買う?」と選ばせるとします。

そのときの親の役割は、子どもが好きなものを選び取る様子を見守り、「へえ、こういう本を選ぶんだ」「この子、こういう方向にも興味があるんだな」などと、ありのままの子どもの選択を認めてあげること。

親にとっては「認める」「見守る」「待つ」の練習になります。あれこれ押しつけてしまう行動にブレーキをかけることにもつながります。

子どもにとっても、ただ買い与えられるのではなく、「自分が決めた」という経験を得ますから、一石二鳥です。

習い事も同じです。

親が英語を習わせたいと思っていて、「英語を勉強してみない?」と提案するのは構いません。ですが、実際に学ぶかどうか、そして仮に子どもが学ぶことを選んだとして、英会話教室、通信教育、市販のドリルなど、どんな手段で学ぶのかは、本人に選ばせてあげてほしいのです。

子どもの選択や判断を大事にすると、**取り組んだときの習熟度も変わります。**興味を持ったことに、自分の好きな方法で取り組みたい。それは、大人でも同じですよね。

目的によっては、親が選択肢を絞ってもOK

「選ばせる」うえで注意したいのは、「選ばせる」と「好きにさせる」はまったく違うということです。

4歳になった子どもにそろそろ字を覚えさせようと、ひらがなのドリルを買いに書店に行ったとしましょう。そのときに「好きな本を選んでいいよ」と言えば、子どもは自分の好きな戦隊ヒーローやディズニーキャラクターの絵本など、ひらがなドリル以外を選ぶでしょう。

完全に自由にさせてしまうと、子どもは本能レベルで快楽を覚えるものに手が伸びます。「好きなものを買う」のがその日の目的なら構わないのですが、ひらがなのドリルが目当てなのに、キャラクター絵本を買ってしまっては、目的に合いませんね。

第1章で述べたように、子どもが「現状維持バイアス」を乗り越えるには、親が背中を押すことも必要です。そのためには、親が選択肢を絞ったり、「こんなものもあるよ」と新たな選択肢を提示したりといった補助も必要になります。

この場合なら、「今日はひらがなのドリルを買おうね。この3つのうち、どのドリルがいい？」と、選択肢を「ひらがなのドリル」に絞って示すことです。

ちょっとしたことの積み重ねですが、**自分で決める経験値を貯める**ことが、大きくなってから「1日の過ごし方」「1週間の過ごし方」「1年の過ごし方」「一生の過ごし方」を決める力を育てることになります。

「ものや体験」よりも「親の関わり」が学ぶ意欲を育てる

子どもの教育を考えるとき、お金の問題は切っても切り離せません。家計の都合で十分な教育を与えてあげられないと悩む親御さん、教育費には糸目をつけず、「よさそうなもの」はどんどん与えてあげる親御さん、さまざまなご家庭があります。

確かに、お金があればさまざまなものや体験を与えられるのは事実です。一方、**子どもの頭のよさは、ものや体験の量に比例するわけではありません。**

単純にものや体験を与えれば子どもが伸びるわけではなく、今その子が欲しているものが何かによって、ものや体験を与えたときの成果は変わるのです。

したがって、今のわが子のことがよく見えており、お金を投じて望ましい体験をさせてあげられているのだとしたら、それは有意義なことだと言えます。

ただ現実には、そのような有意義なお金の使い方ができているご家庭は意外に少ないなと感じています。部屋に輸入ものの知育玩具があふれていたり、さまざまな習い事をさせていたりと、たくさんのお金を使っているご家庭でも、必ずしもお子さんの能力がぐんぐん伸びているとは限らないのです。

「一流のもの」よりも「子どもの心に響くもの」

お金はあるのに、子どものためにうまく使うことができない。そんなご家庭で何が起きているのだろうかと、さまざまなケースを見聞きし、親御さんの心理を考えてきました。そして気づいたのは、子どものためにお金を使うことに満足してしまい、**「お金を使って得たものを子どもに渡したときに、子どもがどれだけ喜んでいるか」という肝心なことが見えていない**のではないか、ということです。

お金を使える家庭の親御さんは特に、「子どもには一流のものに触れさせたほうがいい」と考えがちです。一流の塾の一流の先生に勉強を教えてもらい、一流の芸術に触れさせ、一流の食事をとり、一流の服を着せる。そうすることが、子どもの成長には有利だと思う傾向にあるようです。

ただ、それで期待通りに成長していくかは、人によります。大人の目線で「一流のもの」を渡しても、子どもが求めていなければ響きません。

大人の社会で価値があるとされるものを探してきて与えるのではなく、子どもの心が何に動いているのかという**「子どもの心のときめき」**を大事にしてあげましょう。ものの値段が子どもの心のときめきを決めるわけではありません。

お金を使わなくても頭はよくなる

あなたはお子さんにどのような力を身につけてほしいと考えているでしょうか。

計算力。文章を読み取って理解する力。人の話を聞く力。自分の意見を発言する力。

気になるものがあれば調べようとする力。わからないことを質問する力。間違えたり、予想が外れたりしたときに「なぜだろう?」と考えて、もう一度やり直してみる力。身のまわりに起こる自然現象やニュースに対して「どうして?」という疑問や興味を持つ力……。

このような力を育てたいと考えたときに、**どうしてもお金が必要かというと、実はそうでもありません。**

計算力は、親子で数遊びをするだけで十分に育ちます。

特に口頭でする暗算練習は、親子で楽しみながら計算力を高めるのにぴったりです。「1+2は?」「3」、「3+2は?」「5」、「5+2は?」「7」、「7+2は?」「9……ねえ、これいつまで続くの?」なんていう会話の積み重ねでも、計算力は高まります。

文章を読み取って理解する力や人の話を聞く力。これも親子の日常の会話で育てることができます。

お金をかけなくても、子どもの頭はよくなる

子どもを伸ばすために、どうしてもお金が必要かというと、そうでもない。たとえば計算力は、親子で暗算練習をするだけで十分育つ

たとえば、親の日常を話してあげます。「お母さんね、今日スーパーに行ったの。そうしたらアボカドが1個88円で売ってて、『安い！』と思って3個買ったけど、皮をむいたら2個が傷んでたの。やっぱりいつもの128円のにしたらよかった」というお話ひとつでも、理解力や話を聞く力が育ちます。

気になるものがあったときに調べようとする力。ニュースを見た子どもが「移民って何？」とわからない言葉を聞いてきたら、家にある本やインターネットで一緒に調べることで、「気になることは本やインターネットで調べればいいんだ」という知識や習慣が身につきます。忙しくて手が離せないときなら、「ちょっとノートにメモしておいて」とお願いして「疑問ノート」を作ってもらい、週末、一緒に図書館へ調べ物をしに行くのもいいでしょう。

ここまでで、お金が必要なものはひとつもありませんね。

でも、お金の代わりに必要なものがあることにもお気づきでしょう。それは「親の関わり」です。

子どもの心を動かすのは、何より「親の関わり」

子どもの能力を伸ばすために本当に大切なのは、お金よりも「関わり」です。お金はあるととても便利なものですが、あくまでも道具です。**「知りたい」「学びたい」と子どもの心を動かすのは人との関わり、何よりも親の関わり**です。

「頭のよさ」と「かけたお金」が比例しないのは、お金をかけることによって、頭のよさを伸ばすのに必要な関わりが減っていることが多いからなのです。

確かに、お金をかけず、親が働きかけて子どもの能力を育てようとすると、手間がかかります。子どもと関わることはもちろん、子どもに教えるために親が知識を仕入れることにも、時間とエネルギーが必要だからです。

毎日忙しいから、どこかで楽をしたい。私も親として、気持ちはわかります。どうしても外部のサービスや教材が必要な場合は、その助けを借りるのもいいでしょう。

しかし本当に大事なのは「関わり」だと覚えておいてください。

逆に言えば、子育てにお金をかけられなくても、親が**「この子の能力を伸ばしてあげるには、どんな関わりが必要か」**を考えて動くことができれば、金銭的な問題はいくらでもカバーできるのです。

お金を使う前に、子どもに必要な関わり方をもう一度、考えてみましょう。そうすると、本当に必要なところに必要なだけ使う「生きたお金の使い方」ができるようになります。

与えたほうがいいもの①「勉強するのが当たり前」という考え方

この章では、「与えすぎない子育て」について考えてきました。しかし、親は子どもに何も与える必要がないのかというと、そういうわけではありません。章の最後に、親から子どもに**「与えたほうがよいもの」**についてお話ししましょう。

1つ目は「勉強するのが当たり前」という考え方です。

「勉強は大事」と思っている親の子は、勉強を楽しめる

「勉強は大事」と親が素直に信じることができている家庭の子どもは、楽しんで勉強

に取り組むことができます。

一方、親が「勉強は嫌なんだけど、やらなきゃ仕方がない。我慢しなさい」と考えていれば、子どもは勉強を始める前から、苦手意識を持つ傾向があります。

「勉強したら、世の中についてわかることが増えて毎日が面白くなるよ」

「友だちとの会話が楽しくなるよ」

「まわりから頼られて、『ありがとう』って言ってもらえることも増えるよ」

このように、勉強がもたらしてくれるものを親自身が理解し、子どもに教えることが大切です。

「勉強」には、大きく2つの要素があります。

ひとつは、**知識を身につける**こと。

もうひとつは**「これは何だろう?」「どうしてだろう?」と疑問を持つ**ことです。

疑問を持つには、まず知識がなければいけません。つまり勉強は、知識を身につけることで土台ができ、そこに疑問の種がたくさんまかれて、多くの実を結ぶものだとイメージできます。学んで知識を得て、そのうえで自分なりの疑問を見つけて考える。こうして頭のよさが育まれていくのです。

子どもの「なぜ？」は「頭がよくなるサイクル」を回すチャンス

子どもが「なぜ？」という疑問を持ったときは、その疑問を解決するための手段を教えてあげましょう。

手段は主に3つあります。1つ目は**「調べる」**。2つ目は**「すでに知っていることをもとに、『こういうことかな？』と推察してみる」**。3つ目は**「話し合う」**です。

これらはすべて、家庭でできることです。子どもから「なぜ？」が出てきたら、調べたり、推察したり、話し合ったりしてみましょう。

「この前旅行で行った沖縄のバナナはおいしかったのに、なんでスーパーで買ったバナナはあまりおいしくないの?」

こんな疑問が出てきたら、考えるポイントはたくさんあります。

沖縄で食べたバナナとスーパーで買ったバナナの種類は同じなのか。バナナを「おいしい」と感じる基準は何なのか。バナナの旬はいつなのか。

このようなことを一緒に調べたり、推察したり、話し合ったりしていくと、子どもは面白がり、どんどん疑問をぶつけてくるようになります。

その疑問がまた、新たな知識を得ようとする原動力となります。すると「頭がよくなるサイクル」がどんどん回り出します。

与えたほうがいいもの②
情報を取り入れる技術

「与えたほうがいいもの」の２つ目は、**情報を取り入れる技術**です。

今の子どもたちは、親世代が子どもだったころと比べ、触れられる情報の量が格段に増えています。子ども向けの図鑑や読み物なども豊富ですし、何より大きな違いは、インターネットの存在でしょう。デジタルネイティブの子どもたちには、「気になった物事はすぐに検索」という感覚が当たり前に身についています。

情報が多いのはよいことでもあるのですが、ともすると情報に流されてしまいます。

ですから、自分に必要な情報を必要なだけ得られるように、取り入れ方を教える必要があるのです。

「調べて教えて」で自分で調べる子が育つ

「知りたい」という気持ちを満たすために、必要な情報を自ら得ようとする、つまり情報を能動的に得ようとする子が育つ家庭では、「なんでだろうね」という会話がたくさん交わされています。

「火ってなんで熱いの?」「言われてみれば、なんでだろうね。お母さんもわからないなあ。ちょっと調べて教えてよ」「わかった!」

そして親は、子どもが調べたことを教えてくれたら「へえ、そうなんだ。そんなことを見つけられるなんてすごいね」とほめています。

このようなやり取りを通じて、子どもには「知らないことも、ちょっと調べればわかる」「調べたことを教えると喜ばれる」という体験が積み重なっていきます。

するといつしか、**気になったことは自分でどんどん調べ出す**ようになります。

調べ物をするときの代表的な手段としては、辞書や図鑑、地図のほか、冒頭で述べたようにインターネットもあります。ただ、インターネットでの調べ物には気をつけておきたい点がいくつかあるのです。

「レコメンド機能」は要注意

まず気をつけたいのは**「レコメンド機能」**。これは、検索したり閲覧したりした情報がサイトの運営側に蓄積され、関連する情報が「あなたへのおすすめ」としてどんどん提供される機能です。インターネット通販や動画サイトでよく見ますね。

たとえば、子どもが「この電車が走っているところが見たい」と、動画サイトで電車を見たとしましょう。すると、「こんな動画もどうですか?」というように、たくさんのおすすめ動画が提示されます。その中のひとつをクリックして動画を見終えると、また次のおすすめが提示される。キリがありません。

初めに見た動画は、子どもの「知りたい」という気持ちに応えるものですから、「有益な情報」であると言えます。しかしその後、すすめられた動画をそのまま見続けるのは、よい情報の取り入れ方とは言えません。**動画サイトに「これも好きなんでしょ?」と踊らされているだけ**だからです。

140ページでも述べたように、知識を身につけて土台を作ること、そこに疑問の種がまかれることで、子どもは賢くなっていきます。

動画サイトのレコメンド機能は、「これって何だろう?」「どうしてだろう?」という疑問が生まれる前に次の動画が流れてしまうため、「頭がよくなるサイクル」が回らないのです。

もうひとつ、レコメンド機能の怖いところは、好みが固定化されていくことです。

自分にとって心地よい情報が次から次へと勝手に提供されるので、**子どもの「気**

づくアンテナ」「疑問を持つアンテナ」が狭められてしまいます。

紙媒体とインターネットとの違いを教える

また、辞書・図鑑・地図などの「編纂され、紙に印刷された情報」と「インターネット上の情報」の違いも教えましょう。

紙媒体の情報は複数の人の目を経て世に出ますが、インターネット上の情報は、誰が言っているのかさえわからないものが数多くあります。そのため、インターネット上の情報はうのみにせず、原典にあたる、信頼できる有識者のコメントを確認する、紙媒体で確認するなどの点検作業が必要だと教えることも、大切なことです。

時代はすでにインターネットを使うことが前提となっていますから、インターネットや動画サイトに触れさせること自体が悪いわけではありません。正しい使い方を教えて、賢く付き合えるようにしたいですね。

与えたほうがいいもの③ 環境に出合うチャンス

「与えたほうがいいもの」の3つ目は、**「環境に出合うチャンス」**です。

子どもは、「自分の生活空間」と「今日」のことしか知りません。**知らないものは興味の持ちようがない**ですから、子どもの「空間」と「時間」を超えたところにある環境に出合う場を、大人が作ってあげましょう。

たとえば、幼稚園のビニールプールにしか入ったことがない子どもは、民営・市営のプールやスイミングスクールが近所にない限り、プールというものは幼稚園にあるあれのことだ、という認識しかありません。そんな子どもに、「遊園地でもプールで遊べるんだよ。7月になったら行ってみる?」「隣の駅にスイミングスクールがあるんだって。体験レッスンに参加できるらしいよ」などと提案するようなことが、環境と出合うチャンスを与えるということです。

子どもの1年後、5年後、10年後のことを考えて、新しい出合いのチャンスを与えることは大切です。ただしもちろん、与えたチャンスに興味を持つか持たないかは、子ども本人の自由です。

子どもが新しい場所に行きたがらないときは?

お子さんの性格によっては、知らない場所に行くことに不安を感じて嫌がったり、どんな場所なのかイメージが持てなくて尻ごみしたりすることがありますね。

そのようなときは**「お父さん・お母さんが行きたいから、ついてきて」**と多少強引に連れ出すのもありです。

「あなたのためのお出かけだよ」だと、子どもは押しつけにしか感じませんが、89ページで説明したような「アイメッセージ」なら、「しかたがないなあ」などと言いつつも、ついてきてくれるものです。

最初は嫌がっていたけれど、行ってみたら思いのほか楽しかったなんてことも、子どもにはよくあります。

そんな親子でのお出かけが、新しい物事との思いがけない出合いの場になれば、「来てよかったね」と喜んであげてください。


出かけてみたものの、やはり子どもが乗り気になれなければ、「お父さんは楽しかったけど、イマイチだった？　ごめんごめん」と謝ればいいだけです。もしくは「ついてきてくれてありがとうね」とお礼を言うのもいいですね。

責めたり叱ったりせず、「そういうときもあるさ」と、さらっと流すようにしておけば、次にまた連れ出すときに尾を引かずに済みます。

自分が「与えすぎる親」だと感じたら

ここまで読んできて、「自分は今まで、子どもの興味関心を無視していろいろ与えすぎていたな」という思いにかられた親御さんもいるかもしれません。

そんな親御さんが、今後どのようにお子さんと関わりを持てばいいのかについてお話しします。

愛しているからこそ、与えすぎる

まず気づいていただきたいのは、「与えすぎ」の元となっている、親自身の感情です。

愛しているからこそ、わが子には将来苦労をさせたくない。才能を伸ばして、実りの多い幸せな人生を送ってほしい。そのために「親である自分が頑張らなきゃ」とあせってしまっている。これは**愛情があるからこその行動**です。

「この子は私の宝物だと、こんなにも強い気持ちで思っていたんだな」と、ご自身の愛情を認めましょう。

感情の発露の仕方が望ましい形でなかっただけで、お子さんにそれだけの愛情を持っているのは素晴らしいことです。

また、「与えすぎ」の原因が、親の「自信のなさ」からきている場合もあります。世のお母さん方は自分に厳しい方が多いようで、母親としての自分に自信のある方に私は出会ったことがありません。お父さんも、社会人としての自分には自信満々でも、父親としての自分はどうかな、という方が大半です。

子どものことが大事だから、「自分の子育ては不十分なのではないか」と不安になってしまい、あれこれ与えることで自信のなさをカバーしようとしてしまうのです。

ならば、親が自信を持つことさえできれば、子どもとの接し方も変わってくるはずです。

「自信を持て」と言われてすぐに自信が持てれば苦労はありません。いきなり、親としての自分に自信を持つというのは難しいですよね。私自身も「父親としての自分に自信がありますか？」と急に問われたら、ウッとなります。

そんなときは、あなたの大切なお子さんについて考えてみるのです。子どもの素敵なところを認識すると、親としての自分にも自信が持てるようになります。

わが子の素敵なところリストを作る

155ページに挙げるのは、**「わが子の素敵なところ50」**と題したリストです。

このリストには50の空欄があります。子どもへの接し方を変えたいと感じたら、少し時間を取ってお子さんの素敵なところを思い浮かべ、リストに書き出してみてください。

本に直接書き込んでもいいのですが、できればリストをA3サイズに拡大コピーして、そこに書き込みましょう。

書き始めてみると、「50個埋めるのは意外と大変だな」と感じるかもしれません。「歌が上手」「かけっこが速い」など、世間一般に通用しそうな「かっこいい部分」ばかりを並べていると、すぐにネタ切れになります。

ですから、「こんなことを素敵って言って本当にいいのかな」ということでも、どんどん書き出してみましょう。

「とにかくかわいい」「ご飯を食べると『おいしい!』と言ってくれる」「親指の爪の形が素敵」など、親だけが知っている子どもの素敵なところを、好きなだけ書き出していいのです。いつの間にか「親ばか回路」が働き始め、お子さんのいいところがたくさん出てきます。

50個埋まったら子どもの目線の高さに合わせて壁に張り、お子さんと一緒に眺めま

わが子の素敵なところ50

お子さんの名前を書き、「素敵なところ」を書き出しましょう。

＿＿＿＿＿＿＿＿＿＿＿＿＿＿＿＿のすてきなところ

1	26
2	27
3	28
4	29
5	30
6	31
7	32
8	33
9	34
10	35
11	36
12	37
13	38
14	39
15	40
16	41
17	42
18	43
19	44
20	45
21	46
22	47
23	48
24	49
25	50

しょう。リストを眺めていると、不思議と心が落ち着いてくるはずです。

「この子にはこんなにも素敵なところがたくさんある。この子なら大丈夫。自分の好きなことを自分で選んで取り組んでいくはず」と思えるようになります。「この子なら大丈夫」と思えると、親自身も「私は大丈夫」という気持ちになります。「あれもさせなきゃ、これもさせなきゃ」とむやみにあせることがなくなってくるのです。

頑張りすぎると、いつの間にか、子どものことが見えなくなってしまいます。そんなときはリストを眺め、お子さんがどれだけ素敵な子なのかを思い出してみてください。

不安を「映像化」すれば気がラクになる

子育てで「妥協してはいけない」という考えにとらわれすぎると、迷いや不安がどんどん大きくなっていきます。

たとえば、食事の時間。子どもが食べるのに時間がかかっているときに、途中で切り上げるべきか、食べ終わるまで待つべきか悩む親御さんが結構います。

食べ終わるのをいつまでも待っていたら、遊ぶ時間がなくなってしまってかわいそう。一方で、食事を残すのはマナー上よくないし、栄養不足にならないか不安。このジレンマで悩むのです。

大切なのは、完璧を目指さないこと。時間を優先したいなら、「はい、今日のご飯はこれで終わり」でいいのです。

もし、思い切って妥協できないなら、親の不安を「映像化」してみましょう。

今日、ご飯を途中で切り上げたがために、栄養失調になる。発育不全が起きる。どこに行っても食べ残すマナーの悪い人になる。そんな極端な姿を想像し、「本当にそうなるだろうか？」と考えてみるのです。するとたいていは、「まあ、そこまで悪いことにはならないだろうな」と安心できるでしょう。

一番つらいのは、「最悪の状態」をはっきりさせずに、漠然とした不安にかられて、追い込まれてしまうパターンです。不安を一度「映像化」してみて、「本当にそうなるだろうか？」と疑ってみると、不安のほとんどは消えていきます。

第4章

頭のいい子の親は「あせらない」

親の「あせり」は子どもを振り回す

さまざまな親御さんの悩みを聞きながら近年強く感じるのは、みなさんなぜだかとてもあせっている、ということです。

「否定しない」「与えすぎない」。頭ではわかっていても、「このままでいいのかな?」と不安になり、ついつい「それじゃダメだよ」と否定したり、教育によさそうなものをあれこれと与えすぎたりしてしまう傾向が、以前にも増して目立つように思うのです。

子どもを次々に転塾させる親

特に「中学受験」を考え出すころになると、親御さんのあせりは顕著になります。

ある親御さんは、お子さんを次から次へと転塾させ続けていました。

3年生まではA塾に通わせていたけれど、何だか伸び悩んでいるような気がするから、4年生に上がると同時にB塾へ転塾。B塾も思ったほどに子どもの成績を上げてくれないから、5年生からは学年上位の子が通っているC塾に転塾。ところが友だちの成績は伸びていくのに自分の子はクラスが下がってしまったので、「この塾は合っていない」と感じて夏休み前に今度はD塾へ。そこでもうまくいかず、「塾の形態を変えたほうがいいのかな」と今度は個別指導塾へ。6年生になったら、今度は家庭教師をつけてみよう——。

このように、子どもの学習環境をコロコロと変えたがる親御さんが意外に多いのです。

「次々に転塾させる」という行動の裏には、「どこかに『正解』の塾があるはずだ。その塾を探さなきゃ」という思考があるのでしょう。

しかしこう目まぐるしく塾を変えていては、子どもの成績は伸びません。学習内容が一貫しませんし、環境になじむための負担が大きいからです。

ただ残念なことに、このような親御さんには、お子さんの負担が伝わっていないことがほとんどです。

親が**「子ども」ではなく、「結果」を見ている**からです。

ほかの子が「いい結果」を出したのに、うちの子は出していない。あの子が得た「いい結果」がうちの子にもほしい。なぜうちの子は「いい結果」を得られないのか。自分と子ども以外の誰かのせいだ。塾が悪い。塾を変わろう――こんなふうに考えてしまうのです

このように、結果しか見えなくなっている親御さんは、あせるあまりに「理想の塾」という幻影を求めてさまよい続けることになってしまいます。

塾に限った話ではありません。今は雑誌や書籍、インターネットに「子育てにいいもの」の情報があふれています。そうした環境の中で**「子育てには『正解』があるはずだ」**と思い込まされ、自分だけその正解を知らないことで子どもに損をさせるのは嫌だという思考になってしまうのでしょう。それが親御さんたちのあせりを生んでいるのではないでしょうか。

この章では親御さんたちのあせりを解消するため、その原因を挙げたうえで**「あせらなくていい理由」**を説明していきます。あせりを解消することで、子どものさまざまな可能性をつぶさずに済むようになります。

失敗からこそ学べることもある。子どもの失敗を恐れない

親が持つ「あせり」の根っこにあるもののひとつは、**「子どもには失敗をさせたくない」**という考えです。

これらの発想は、「子どもからチャレンジの機会を奪う」という行動となって表れます。

子どものすることに対して、「それは危ないから、もっと安全なこっちにしなさい」「そんなことは得にならないからやめなさい」と、親の判断で「ゴー」や「ストップ」

のサインを出す。すると、子どもが「失敗から学ぶ」機会が失われてしまいます。

「失敗から立て直す経験」を積ませよう

小さいころから親の先回りによって失敗を回避してきた子は、ちょっとした挫折ですぐにあきらめてしまう傾向があります。

ささいなミスひとつで「もうやりたくない」と言い出して、今まで好きだったこともやめてしまったりします。もう少し深刻な例になると、間違いが多く点数が悪かったテストを親に隠すようになります。

失敗を必要以上に重大なものとして受け止め、大きな痛みを感じてしまうのです。

一方、親が先回りすることなく、小さいころから「できたり、できなかったり」という経験をしてきた子は、点数の悪かったテストを隠したりはしません。結果をそのまま受け止め、乗り越えようとします。

この経験が積もり積もって、「困難を乗り越えるメンタルを持つ人」と「そうでない人」の違いとなって表れます。

ただ、現状すぐにあきらめてしまう子でも、心配はいりません。このようなお子さんには、「失敗は悪いことではない」と辛抱強く教えましょう。親である自分自身にもそう言い聞かせましょう。**「もうやりたくない」という発言は、翻訳すれば「不安で、自信がない」**ということです。「やめてもいいけど、嫌な気持ちで終わったらもったいないから、ちょっと一緒にやってみようよ」などと、気持ちに寄りそってあげましょう。

失敗してもそこから立て直す経験を積むことによって、「困難を乗り越えるメンタルを持つ人」へと育つことができます。

困難を乗り越えられるようになるかどうかは、結局、「転んだら立ち上がればいい」ということを知っているか知らないかの違いなのです。だからこそ、小さいうちから**「転ぶ経験」を上手に積ませることが必要**になります。失敗するのは悪いことではないのです。

失敗からしか学べないこともある

失敗したときに一番やってはいけないことは、「○○ちゃんには難しかったね」と子どもが取り組んでいた物事を取り上げてしまうことです。

子どもの「できない状態」を直視できない親は、子どもが傷つくに違いないと考えて「取り上げる」という行動に出てしまうのです。

しかし、できないことは決して悪いことではありません。人間はみんな、できないことから学びを得るからです。

「失敗は成功のもと」と言うように、うまくいかなかった経験は、次のやり方を考えるチャンスです。うまくいかなかったことを子どもから取り上げて失敗をさせないようにすると、次にどうすればいいのか考える力が養われませんし、失敗して落ち込んだ気持ちをどう整えていくか、訓練する機会も失われてしまいます。

もうひとつ大事なことは、失敗は「今の自分にはできないことができる人もいる」ことに気づくチャンスにもなるということです。ほかの人のよいところに気づく目は、生きるために必須です。まわりの人の魅力をたくさん知って、素直に「すごい」と感じることは、子どもの成長段階で大切なことです。

何をさせてもうまくできるけれど、他人への敬意がない人は、周囲の人との関係をうまく築けず、孤独になりがちですね。

失敗して傷つく経験を子どもになるべくさせたくない気持ちは、わからなくはありません。ですが実際のところ、「失敗すると損」なのではなくて、「失敗を経験しないで育つのが損」なのです。失敗から立て直す経験を積ませ、困難を乗り越えられるメンタルを育ててあげましょう。

「親の日常生活」も子どもにとっては立派なイベント

インターネットでちょっと検索してみたり、自治体の広報紙などを見たりしてみれば、プログラミング体験教室や博物館の特別展、スポーツイベントにファミリー向けコンサートなど、子どもの教育によさそうなイベント情報がたくさん出てきます。

そういったものを目にして「有意義な体験をもっとさせなければいけないのではないか」とあせる親御さんもいらっしゃるようです。

そんな親御さんに、私は **「入場料や参加費を払うものだけを『イベント』だと思っていませんか？」** と問いかけます。

親が思う以上に、子どもは家の中で刺激を受けている

子どもにとっては、「お父さん・お母さんの日常」を家の中で一緒に体験するだけで、立派なイベントです。

たとえば、お母さんが料理をしているときに「ちょっとそこのキャベツを取って」とお願いする。フライパンに野菜を入れると、ジューッと音がして、だんだん野菜が小さくなっていく様子を見せる。水分が抜けていく様子に驚いた記憶が、いずれ物質の三態変化（固体・液体・気体）を習ったときに「あ、あの野菜だ！」とつながります。こうした生きた学びができるという点で、これだけでも、1回5000円の実験教室に行くのと同じくらいの経験を得られます。

親の日常生活は、子どもにとって「体験の宝庫」。人生経験の少ない子どもにとっては、新しいことだらけなのです。

親の仕事の話をすれば世界が広がりますし、新しい家電を買おうとパンフレットを並べて検討する様子を見せるだけでも、子どもはいろいろなことを学びます。親が思

親の日常生活は子どもにとって体験の宝庫

子どもにとっては「お父さん、お母さんの日常」を家の中で一緒に体験することも立派なイベント

う以上に、子どもは家の中で刺激を受けています。お金を出して体験を買わなくても、イベントは家の中にたくさんあるのです。

お父さん、お母さんは、もっと自信を持ちましょう。「自分と話している間にこの子は賢くなっている」くらいに思っていて大丈夫です。

外出イベントは、習い事を含めて週に1、2回もあれば十分です。そのイベントについて親子で話したり、図書館に行って関連する本を借りてみたり、新聞記事の中から「あっ。これ、この前見たやつだ！」と発見したりしてひとつのイベントを何倍にもふくらませることで、子どもはそこからで得た体験を自分のものにしていきます。

イベントそのものではなく、そこでの体験をふまえて子どもが自由に感性を働かせる時間を与えることが大切なのです。

子どもの「学ぶ力」を信じて、自由に過ごす時間を与えてあげてください。

子どもの未来は「親がしてあげたことの量」で決まるわけではない

習い事を含め、「有意義なイベントに連れて行かなければならないのではないか」という考え方は、「親が子にしてあげたことの量」で子どもの未来が決まってしまうのではないかという不安からきています。

大丈夫です。子どもの未来は「親がしてあげたことの量」では決まりません。

大切なのは、子どもにどれだけ「自分の時間」を過ごさせてあげられるかです。

親にとって「有意義に見える」習い事やイベントを詰め込んで子どもの時間を奪うのではなく、子どもがブロック遊びをしたいときには好きなだけブロック遊びをさせる。こちらのほうがはるかに大事です。

子どもが時間を忘れて自分の好きなことに没頭する経験は、自分軸を作るうえで、のちに大きな力となります。

親が楽しく生きているからこそ、子育てだってうまくいく

あせりがちな親御さんに共通するのが、子育てを「頑張らなければいけないもの」ととらえていることです。

しかし一度、自分が子どもだったときのことを思い出してみてください。父親や母親に「子育てをもっと頑張ってほしい」と思っていたでしょうか。

きっと**「楽しく過ごしてほしい」「一緒に笑ってほしい」**とは思っても「子育てをもっと頑張って」なんてことは思いもしなかったはずです。

子どもにしてみれば、「自分のために一生懸命頑張る親」は時に重く、息苦しさす

ら覚えるものです。親は、ありのままの自然体でいいのです。

親が楽しそうな家はうまくいく

「子どものことが最優先」と思って子育てしていると、疲弊します。

まずは自分を大切にしましょう。自分が楽しく生き、自分がほめてもらえているからこそ、子どもを楽しく育て、ほめることができるのです。

朗《ほが》らかに子どもを育てている親は、みなさんどこかいい加減で、自分ファーストです。自分ファーストだなんて、子どもがかわいそう？　そんなことはありません。子どもだって、お父さん・お母さんには毎日、笑顔で過ごしてほしいと思っています。それは結果的に、否定したりあせったりしない子育てにつながりますから、子どもの成長にとっても、よいことなのです。

唯一、親として頑張りたいこととは？

もしも唯一、子育てで頑張らなければいけないことがあるとすれば、それは**「子どもを信じ切る」**ことです。今は目に見える成果や行動がなくても、「子どもには自分の思いがあり、可能性がある」と信じます。信じるから本人が動くのを待てるのです。

最後の最後まで子どもを信じてあげられるのは、子ども本人と親であるあなたしかいません。「何があってもこの子のことは信じる」という覚悟を持ち続けることは、大変ではありますが、親として頑張りたい部分です。

本人なりに努力したけれど、受験や検定で合格できなかった、スポーツの試合に出られなかったという挫折があったとします。そんなときに「必ずこの子は立ち上がれる」と信じて見守り続けるのは、つらいものです。

しかしそれでも、信じて待つ。これが、ものを買い与えたり、さまざまな体験をさせたりすることよりも大切な、親としての役割です。

今のあなたがどうであれ、子どもにとってはかけがえのない親

あせる気持ちにさいなまれたら、一度、鏡に映る自分を見てみましょう。そして、ありのままの自分を「これはこれでいい」と受け入れましょう。

今がうまくいっていない状態だと、ありのままの自分を「これでいい」なんて思えず、過去の後悔ばかりが思い浮かぶかもしれませんね。

しかし、**今のあなたがどうであれ、子どもにとってはかけがえのない親**です。それならば子どもには、「今の自分」にできる精一杯のことをしてあげましょう。それで十分です。ほかの家と比べる必要はありません。

「こんな自分だけど、それでも、私はこの子の親なんだ」と覚悟を決めると、「自分にできることを、できる範囲でやればいい」と考えられるようになり、あせりが消えていきます。

子育て論は、うまくいった人の結果論。一歩引いて冷静に見る

スマートフォンの普及により、今や誰もが簡単にインターネットにアクセスできる世の中になりました。

インターネット上ではさまざまな「子育て論」が発信され、それにともなって「この習い事は将来につながる」「この塾は子どもが伸びる」といった情報も、瞬時に飛び交っています。

みんなが同時に同じ情報を受け取れる便利な社会になった半面、その情報に踊らされる親御さんが増えています。有益な情報をいち早く手に入れようと、インターネット検索がやめられない人もいるようです。

しかし、ちょっと待ってください。情報に飛びつく前に、その情報を吟味する力を身につけてほしいのです。

「生存バイアス」に注意する

頭に入れておきたいのは、**世の中に出てくる情報は「うまくいった人の結果論」**でしかないということです。

「生存バイアス」という言葉があります。特定の方法論を評価する際、脱落したり淘汰されたりした存在を見ずに、生存している一部のみを見て判断してしまうことです。

たとえば、スパルタトレーニングに耐え抜いた1人のスポーツ選手が抜群の成績を残したとします。でもその裏には、そんなトレーニングには耐えきれなかった数多くの脱落者や故障者がいることもあるのです。

うまくいった選手だけを見て「スパルタトレーニングは素晴らしい」と崇《あが》めるのは

危険なものの見方です。

同じことが、子育てにも言えます。**ある子育て論が、すべての子どもに効果を発揮するわけではない**のです。

ですから、誰かの子育て論を読んだら、「『この人の家庭』ではこういうやり方をして、『この人の家庭』ではこういう結果になったんだな。それは『この人の家庭』だからだね」という受け取り方をするようにしましょう。

もちろん、考え方に共感する部分があったり、自分の家と環境が似ている部分があったりすれば取り入れられる要素はあるかもしれませんが、基本的には個人の体験談であり、結果論です。こういったものは真正面から受け止めず、一歩引いて読むことをおすすめします。ですから、この本の中で紹介している私の家の話も、一歩引いて読み進めてくださいね。

子育てにおいては、**「よそはよそ、うちはうち」**の精神が大切です。

よそはよそ、うちはうち

誰かの子育て論がすべての子どもに効果を発揮するわけではない。子育て論を読んだら「この人の家庭だからだね」という受け取り方をする

世の中のどんな情報も、「あなたの子どものことを知らない誰か」が勝手に発信しているものです。**あなたのお子さんを誰よりもよく見ているのは、あなた自身です。**

お子さんのことに対する決定権を「あなたの子どものことを知らない誰か」に委《ゆだ》ねてしまうのは、やめたほうが賢明です。

「教科書ベースの勉強」がきちんとできれば、世界でも十分通用する

いろいろな親御さんの話を聞いていると、日本の公教育、とりわけ公立の小学校・中学校に対する根拠のない不信感がまん延しているようです。

メディアが散々「日本の教育水準が落ちている」「グローバル人材の育成が求められる」「このままでは世界で淘汰されてしまう」とあおり立てるせいか、子どもが18歳になった時点で、成績優秀、英語が話せてコンピューターにも強く、スポーツが得意で芸術の素養もある……といった「スーパーな人」になっていないと、このさき、生きていけないのではないかというような、妙な切迫感が伝わってくることすらある

のです。

公立の教育だけではこのような人にはなれないと考えるためか、やみくもに塾や習い事に行かせて学校教育に足りない面を補完しようとする親御さんが非常に多く見られます。


では、本当に日本の公教育のレベルは低いのでしょうか。

私はそうは考えていません。メディアの情報に不安になるのも無理はないのですが、冷静に現実を見れば、**日本の義務教育をきちんと受けていれば、決して世界で淘汰などされない**ことがわかります。

✓日本の教育は本当に遅れている？

OECD（経済協力開発機構）がOECD加盟国等24カ国・地域の16歳から65歳までの男女個人を対象として実施した、国際成人力調査（PIAAC《ピアック》）というものがあります。

「読解力」「数的思考力」「ＩＴを活用した問題解決能力」の3分野のスキルを調査したものですが、日本人は「読解力」「数的思考力」の2分野で1位、「ＩＴを活用した問題解決能力」でも、コンピューター調査を受けた人の平均でやはり1位と、世界でも突出して能力が高いことが示されています。

このテスト内容というのは、「ホームページを見て、運営者に問い合わせるにはどうしたらよいですか？」「本のリストの中から、ある特定の本の著者を探しなさい」といった、ごく簡単なものです。ＩＴを活用した問題解決能力のレベル3でも、「会議室の予約システムを使って予約の処理ができるか」といったもので、事務仕事のごく基礎的な能力ですね。ＰＩＡＡＣの結果の衝撃は、このレベル3ができる人が世界では1割しかいないというところにあるのですが、ともかく日本は1位です。

国際的に見て日本の経済力が低下していることや、日本生産性本部による労働生産性の国際比較において先進国の中で日本が下位に低迷していることなどから誤解している人が多いのですが、**日本の教育のベースレベルは非常に高い**のですね。昔も今も、です。

日本の場合は、企業の人材採用や働き方が時代に合っていないこと、大学教育と実社会との連携不足、男性優位の思考がまだまん延していて女性の活躍が阻害されていることなど、社会のしくみには大いに問題がありますが、義務教育については、世界と比較しても、自信を持っていいのです。

「教科書ベースの勉強」でも心配はいらない

そうは言っても、私自身も「公教育が今のままでいい」とは考えていません。子どもそれぞれの個性を引き出す先生の関わり方が確立できていないこと、若い先生の改革が決裁者側（校長会・教育委員会・議員等）の古い感覚で妨げられている点など、課題はいくつもあります。

けれども、**日本の義務教育で提供されるカリキュラムは、間違いなく世界の中でもトップクラス**です。

中学3年生までに教科書から得られる知識、子どもの脳と心の発達段階に応じて構成されたカリキュラムはとても良質です。

たとえば社会。自国の歴史を学ぶことすらままならない国も多い中、日本では日本の歴史のみならず、ほかの国の歴史まで学びます。算数・数学では、15歳時点での能力の高さは、間違いなく世界一です。海外進学を志してアメリカのSAT（大学進学適性試験）を受ける場合も、日本の子は数学でゆうゆう高得点を取ってきます。

教育カリキュラムそのものが世界でトップクラスなのですから、「教科書ベースの勉強」でも、小学校・中学校の教育レベルとしては、まったく心配いらないと言えます。

ですから親御さんたちは、日本の教育の力を信じて大丈夫です。教科書ベースの勉強がきちんとできていれば、世界で通用する人材の土台は十分に育てられます。

公立か私立か、学校選びの基準

前項でお話ししたように、日本の教育レベルは決して低くありません。むしろ世界トップクラスと言っていいでしょう。

ですから日本の教育に対してむやみに不安を持つ必要はまったくないのですが、ここで親たちをあせらせるもうひとつの問題が、中学受験をするか、しないかです。

首都圏や関西などの大都市圏では、小学3年生くらいになると「中学受験をするべきか」「どこの塾に行かせるべきか」、多くの親が悩み始めます。

大切なわが子にふさわしいのは、地元の公立中学か、私立中学か。それとも、公立の中高一貫校なのか。

ここではその「学校選びの基準」についてお話ししたいと思いますが、その前に、受験とはどのようなものであるのか、一度整理して考えてみましょう。

「高校生活をどこで過ごすか」をいつ決めるか

大学受験からさかのぼって考えてみます。高校生になれば、自分の意思で進路を決めることができるようになっています。親は「本人が決めたことをサポートする」というスタンスでいればいいでしょう。

その前段階である**「高校生活をどのような場所で過ごすか」**を決めるのが、高校受験や中学受験です。

「高校生活をどのような場所で過ごすか」を中学生になってから決めるのが「高校受験をする」という選択で、小学生の段階で決めてしまうのが「中学受験をする（中高一貫校を受験する）」という選択です。

高校受験と中学受験、両者の間には、親子の関わり方に大きな差が生まれます。

高校受験を選ぶ場合、中学校の3年間をかけて、親子で相談しながらじっくり考えていくことができます。

中学生になると、子どもにもある程度の判断力が備わります。ただ一方で、情報を集める力は大人のほうが長《た》けています。そこで、親が「この学校では、こんなことが勉強できるようだ」と情報提供しつつ、親子で話し合って「最後はあなたが決めること」と子どもに任せることができます。

中学受験となると、そうはいきません。志望校うんぬん以前に、小学4年生になるころには塾に行かせて受験のレールに乗せないと、やはり不利になります。すると必然的に、子どもに十分な判断力が備わらないうちに、親が受験への「方向づけ」をしなければならないことになります。

中学受験なのか高校受験なのかをどのタイミングで決めるか。その**判断基準は、子どもが受験学習を継続できるほどに成長しているかどうか**です。精神的に幼い子や、メンタル面の理由で安定した力が出せない子には、中学受験は早い場合もあります。

そのような子の親御さんからよく聞かれる言葉は、「この子は勉強に向いていない」というものです。でも、決してそうではありません。プロの目線で言わせていただくと、「まだその時期ではない」ということ。つまり、タイミングの問題なのです。**勉強に向いていない子なんていません**から、そこは間違えないようにしてください。

「公立」と「私立」、結局どちらがいい？

では結局、公立中学と私立中学、どちらがいいのか。日本の義務教育のカリキュラムは優秀ですから、公立の学校でも十分な教育は受けられます。とはいえ、まだ足りないなと感じる面もあるのは事実です。

私が公立の学校について特に問題だと感じるのは、先生が数年ごとにほかの学校へ移っていくことです。

学校は「人」によって作られる場所です。どのような人がいるかで、雰囲気がまったく変わります。それなのに公立の学校では、その「人（＝先生）」がどんどん入れ替わっていきます。事前にどんな学校かを調べても、先生が変わることで教育方針が簡単に変わってしまいます。そのため、個々の子どもや家庭にじっくり向き合う体勢が整っていないのが公立の学校の実情です。

さらに、先生を管理する目的での報告書類が多すぎて、一番肝心な、先生たちの「人」の力を削《そ》いでしまっている点も問題です。この点は、自治体の長や教育委員会、校長の意識や力量によって大きく差がつくところです。行政の広報紙や学校の行事などで校長先生の人柄をチェックしておきたいですね。

一方、私立の学校には確固たる校是《こうぜ》があり、「このような学校であり続けます」と対外的に宣言しています。そのため、校風も簡単には変わりません。長く在籍する先生も多く、親子で同じ先生に教わる例も少なくありません。環境の安定感・安心感は間違いなく私立のほうが優れていると言えます。

ならば**何が何でも私立を受験したほうがいいのかというと、それはまた別問題**です。

本人の「自分軸」がある程度育っていて、自立心が養われていたり、自分の世界を持っていたりするならば、私立のような「約束された環境」がなくてもよいわけです。むしろ、校風の合わない私立の学校に通うくらいなら、公立のほうが思いっきり楽しめることでしょう。

本人が活躍できるのが「いい学校」

注意したいのは**「公立のほうがいろんな人に出会えるから、揉《も》まれていい」**という考え方です。地方出身で地元の公立中学・公立高校から大学受験に成功したお父さんが言いがちなフレーズなのですが、これが当てはまるかどうかは、お子さんのタイプをよく見極めないといけません。

雑多な環境を楽しめるのは、リーダーシップがあったり、何らかの目立つところを持っていたりする子どもたちです。お子さんが、主張することをあまり好まないおとなしいタイプで、なおかつ目立った特技が見当たらない場合、今の公立では、単なる「目立たない子」で終わる懸念があります。

一方、私立の学校は、校風や学校の指導方針がわが子に合うかを各家庭が考えて入学してきます。結果、ほどほどに似たような子が集まるので、主張しないタイプの子にも居場所ができやすいのです（逆に、主張するタイプの子ばかり集めている学校もありますが）。

つまり、どの学校がいいかというのは、公立か私立かはもちろん、偏差値やブランドによって決まるものでもありません。結局は本人次第なのです。**本人が居場所を持ち、活躍できるところが、その子にとっての「いい学校」**です。

学校なんていくらでも替われる

極端なことを言えば、私は「学校なんて、合わなかったらいくらでも替わればいい」と考えています。私立はやめられますし、公立でも、引っ越せば転校できます。一度入った学校をやめてはいけないという決まりはありません。

今ならMOOC《ムーク》(Massive Open Online Courses：大規模公開オンライン講座)のようなインターネット講座を使って、世界中の大学の講義を受講することができます。学習面だけに絞って言えば、英語とインターネットアクセスのスキルさえ身につけておけば、学校に行かなくてもまったく差し支えないのです。

「学校は替わってもいい」と割り切れば、先々への不安から「とりあえず」塾に通わせる、「とりあえず」私立を受験させるという選択をしなくて済むようになります。

自分が「あせりがちな親」だと感じたら

ここまで読んできて、「自分はあせりすぎていたな。あせるあまり、子どものことをよく見ていなかったな」と感じた親御さんもいらっしゃるでしょう。

あせらずおおらかな気持ちでお子さんと関わるにはどのような考えを持てばいいのか、私なりにお話ししたいと思います。

子育ては「2勝8敗」でいい

まずわかっていただきたいのは、**「これまでの自分は親として間違っていた」**

とくよくよする必要はないということです。

「これまでも自分なりに頑張ってきた」と認めたうえで、明日から親としてどう子どもに関われればいいかを考えましょう。

「うちはもう小3になっちゃったから間に合わない」――そんなことはありません。

親が思うよりはるかに、子どもたちは柔軟です。「親があのおもちゃを買ってくれなかった」「行きたくなかったのに、スイミングに通わされた」などという理由だけで、性格が決定的にねじ曲がったりはしないですよね。親が一度や二度失敗したぐらいで、子どもの人生がダメになるなんてことはないのです。

子どもへの関わり方で「失敗しちゃった！」と思ったら、次から変えていけばいい。「ごめんね」と謝れば、子どもはわかってくれます。

子育ては「2勝8敗」で十分です。

思うようにいかないことがあったり、ほかの家庭ではしていることを自分の家ではしていなかったり、それらを仮に「失敗」と呼ぶのであれば、10回のうち8回失敗しても2ついいことがあったなら、子育ては十分成功です。

どうしてもあせりが収まらないようであれば、3日間ほど、お子さんのことをじっくり見る時間を作ってみてください。

「最近、こんなことを頑張っているよね」とか**「1年前と比べてこんなところが成長したよね」**という部分が見えてくるはずです。

そしてそのお子さんの姿を、夫婦で、家族で、語り合ってみましょう。「自分たちの子育ても、意外と捨てたものじゃないよね」と思えたら最高です。

親に愛されて育った子なら心配いらない

ここまでお話ししてきた「見守る子育て」は、親が持っている愛情が、お互いにとってハッピーな形で子どもに伝わり、なおかつ子どもの才能がぐんぐん伸びていく子育て法です。

親に愛されて育った子どもは、そうそうゆがんだ人間にはなりません。子どもはもともと、自ら育つように生まれています。そんなに簡単に人ひとりの人生が壊れたりはしないのです。

子どもにとって本当に大切なのは、子どもが自分自身を信頼できることです。そう考えれば、「小さいころからいかに人並み以上の教育を与えるか」より、**「いかに愛情を伝えて、本人のよいところをどれだけ伸ばしてあげられるか」**のほうが重要だということがわかります。

子どもを信じ、自分たちの愛情を信じましょう。

東大・京大に行けるのは
ひと握りの限られた人？

東京大学・京都大学など日本を代表するトップレベルの大学は、「特別な人が特別な勉強をすることによって入学がかなう、自分たちとは無関係の世界」と見られやすい傾向にあります。

しかし現実には、そんなことはありません。必要な努力を、必要な時間だけかけて取り組みさえすれば、誰にでも手の届く世界です。

確かに、昭和の時代にはこれらの大学に特化した問題集や参考書も十分にはなく、情報も乏しかったため、「合格ノウハウ」を持っている特定の先生に出会わないと手が届かない世界でした。

ところが、時代は大きく変わりました。入試問題はいつでも見ることができますし、合格するために必要な勉強のツールもたくさん手に入ります。こと情報の得やすさで言えば都市部と地方との格差もなくなり、どこに住んでいようと、ほぼ同じ条件で勉強することが可能になったのです。

つまり、子ども本人に「行きたい」という気持ちさえあれば、いくらでも行ける可能性があるということ。だからこそ親は「そんなのムリ」と決めつけず、子どもに「自分にもできそうだ」という気づきや自信を持たせてあげたいものです。

蛇足ですが、「東大や京大に行きましょう！」と言っているのではありませんよ。思い込みで、頭からあきらめさせるのはやめてあげてくださいね、というお話です。

第5章

パパ・ママのお悩みQ&A

テレビをどのくらい見せるか

Q テレビやＤＶＤは１日にどれくらい見せていい？　自然番組など、教育によさそうなものなら長く見せても問題ないのでしょうか。（５歳男子）

A **一度に60分以内が妥当。視聴後は、「余韻の時間」を作りましょう。**

「何分以上連続で見せてはいけない」という医学的根拠はありませんが、幼児期では１回あたり30分くらい、最大でも60分くらいに留めるのが妥当でしょう。

子どもが映像を見て反応したり、感動したりというように、頭と心を働かせることのできる時間は60分くらいが限界。それ以上になると、「流れている映像をただ見ているだけ」となってしまいます。

映像は快感をもたらしますから、静かに没頭して見てはくれますが、「何も考えずに快感に引き込まれる時間」が長く続くのは、子どもにとっていいことではありません。

30〜60分ほどの映像作品を見せたら、そのあとは子どもが「余韻」に浸る時間を作りましょう。

たとえば自然番組を見たあとなら、家にある図鑑で番組に出てきた動物を調べ出すかもしれませんし、「さっきの国は地球のどこにあるのかな」と地球儀を回し出すかもしれません。映像と、夏休みの家族旅行での体験を結びつけて話し出すかもしれません。映像作品を見たあとに、子どもなりの関心や活動を呼び起こすことができれば最高です。

その意味では、見終わった途端に「はい、ご飯よ」とすぐに次のことに移ってしまうのは、少しもったいないと言えます。「映像作品を見る時間」と「余韻の時間」をセットで考えましょう。

「映像作品を見る時間」と「余韻の時間」をセットにできれば、それが1日に2セットになっても3セットになっても問題はありません。

「本＝善、ゲーム・動画＝悪」？

Q

娘は本が好きですが、一方でテレビゲームやインターネット動画も大好きです。私自身は質のよいものならばゲームや動画にも学びがあると思うのですが、同じような意見の人はまわりにいません。ゲームや動画は悪なのでしょうか？（9歳女子）

A

むしろ「ゲーム・動画」に触れずに育つほうが心配です。

この親御さんのおっしゃる通り、「ゲーム・動画＝悪」と決めつける考え方は、まだまだ根強いですね。ゲームや動画は受動的な刺激になりやすいため、抵抗感を覚える方の気持ちもよくわかります。

しかし正直に言いますと、それはちょっと古い考え方ですね。

本を読み疑似体験をして、自分なりに考えを巡らせる時間は、思考力と想像力を育《はぐく》みます。

一方、ゲームや動画の進化には目を見張るものがあり、これからの時代は「ゲームや動画の世界に触れないまま育つほうが危ない」とさえ言えます。

動画は膨大な情報を短時間で伝えることができます。ゲームの世界観が現実社会のイノベーションのヒントになることもあり、現にゲームをたくさんプレイしてきた若者がITベンチャーを立ち上げたりしています。

マイクロソフトが生み出した「ホロレンズ」というヘッドマウントディスプレイは、ゴーグルのように装着すると、目の前に本当に「ゲームの世界」が広がっているかのような体験ができます。この技術は今や、消防士の放水訓練や工事現場での危険防止講習など、現実社会でも活用され始めています。

本だけでなくゲームや動画も、子どもの成長にプラスとなる要素があります。頭ごなしに否定するのではなく、多様な学びの機会をお子さんに与えてあげてください。

なお、子どもが手に取る本やゲーム・動画の内容が良質であるかどうかは、親の責任で点検する必要はありますね。差別的なもの、過度に残虐なものは避けましょう。

やるべきことがあと回し

Q

うちの子は学童保育から帰ってくるとすぐ本に飛びついて、宿題や明日の支度がいつもあと回しになります。読書は悪いことではないのに、つい「やることをやってからにしなさい！」と叱ってしまいます。どうしたらいい？（6歳女子）

A

「やるべきことをやる空間」を作りましょう。

家に帰ったら、何よりも先に本を読みたがる。素敵なお子さんですね。

考えたいポイントが2点あります。「学童保育の使い方」と「やるべきことを先にやってもらう方法」です。

まず1つ目。学童保育で宿題をすることはできないでしょうか。仮にその宿題が「お父さん・お母さんに本読みを聞いてもらいましょう」というような、家ですることを前提としたものでも、学童保育の先生と相談すれば、先生に聞いてもらって宿題を終わらせることができるかもしれません。

学童保育は、単に子どもを預かってもらうだけではなく、「その時間を使ってできることを終わらせる」という、「自立を促す場所」でもあります。学童保育の時間を有効活用すれば、家に帰ってからの時間の使い方も変わります。

2つ目は、家に帰ってからのお話です。「家に帰ってきたらすぐ本に飛びつく」ということは、お子さんは「帰ったら本を読もう」と思って玄関のドアを開けているわけですね。**気持ちが完全に「本」に向かっているところで「やることを先にやりなさい」と言われても、なかなか難しいものです。**大人だって、気の置けない友人との飲み会の途中に仕事の電話がかかってきたら嫌ですよね（私なら出ません！）。

コツは、家の中に「やるべきことをやる空間」を作ること。家に帰ったらまず、その「空間」で明日の支度や宿題を全部終わらせて、終わったらリラックスできる場所に移動して好きに本を読んでよし、というしくみを作るのです。たとえるならF1の「ピットイン」のようなものです。

場所が変われば、気分が変わります。「やるべきことをやる空間」と「リラックス空間」を分ければ、「やるべきこと」にも意外とすんなり取り組んでくれますよ。

おもちゃの与え方

Q

いつも似たようなおもちゃをほしがります。子どもがほしがるものを与えていいのか、親が適切なものを選んだほうがいいのか……。また、「ほしい」と言ったときにどのくらい我慢させるべきか、迷います。（5歳男子）

A

子どもが発する「ほしい」の意味を見分けましょう。

大前提として、存在を知らないものはほしがりようがありません。おもちゃ屋さんに行くなどして、いろいろなおもちゃを「知る機会」をたくさん作りましょう。使うのは子どもですから、**子どもの心が動くものであることが一番。**子どもがほしがるものの中から、親子で一緒に選ぶとよいでしょう。

そのうえで、お子さんの「ほしい」にある2つの意味を見分ける必要があります。

ひとつは、「そのおもちゃがほしい」「そのおもちゃと過ごす時間がほしい」という、言わば本当の意味での「ほしい」。

もうひとつは、自分がほしいものを買ってくれる親を見て、「自分は愛されている」「大事にされている」と確認したいがための「ほしい」です。

「ほしい」と言われたから買ったのに、家に帰ったらさわろうともしないことがあります。それは「自分が求めたら親がかなえてくれた」ことに満足しているからです。

もちろん買うなら、本当の意味で「ほしい」と思っているものにしたいですね。その見極め方は、「一度帰って頭を冷やす」こと。おもちゃ屋さんで、あるおもちゃをほしがっても、「今日は帰るから、明日ほしかったらまた言って。そのときに考えよう」と言って、一度帰るのです。

次の日、まだ「ほしい」と言っている場合は、本当の意味での「ほしい」の可能性が高いと言えます。それだけ心を奪われているのなら、買ってあげてもいいでしょう。

本人も把握しきれないほどおもちゃが増えてしまっては、心が動かなくなります。「本当にほしいもの」を選ばせていくようにすれば、むやみに増やすことも防げますね。

何のために勉強する？

Q

子どもに「なんで勉強しなきゃいけないの？」と聞かれて、言葉に詰まってしまいました。どのように対応すればよいのでしょうか。（8歳男子）

A

勉強に疑問を持つ「子どもなりの事情」を考えましょう。

「なんで勉強しなきゃいけないの？」と言いたい子どもの気持ちを理解することが第一です。子どもの事情を大きく分けると、3パターン考えられます。

1つ目は、ほかにやりたいことがあるのに、勉強や宿題のせいでできないという不満。2つ目は、テストで嫌な思いをしたり、みんながわかったことが自分にはすぐにわからなくて置いてけぼりになったりしたことによる、勉強への苦手意識や、不愉快な気持ち。3つ目は、特に困っていることはないものの、達成感を得られないので「勉強する意味がわからない」という素朴な疑問です。

「勉強の目的」を話して意味があるのは、3つ目の場合だけです。そして3つ目の悩みを持つのは、ごく少数の頭のいい子どもです。そこでまずは1つ目、2つ目の悩みの解決法をお話しします。

勉強のほかにしたいことがある場合。「何をしたいの?」と聞くのが解決への第一歩です。勉強にも取り組めて、したいこともできる方法を一緒に考えてみましょう。したいという気持ちを満たしてあげることが大切です。

勉強に強い苦手意識を持っている場合。必要なのは「癒《い》やし」です。勉強が嫌になったのはいつごろからなのか、さかのぼって探ってみましょう。そして「大変だったね」と言葉をかけ、話を聞くのです。すると子どもの心の痛みは癒やされます。

そのうえで「勉強の目的」を話してあげましょう。**勉強は、世の中に貢献し、人と協力し合って幸せに生きていくために必要なものです。**学校の勉強がすべてではなく、大人もみんな日々、世の中で誰かの役に立つために勉強しています。そのようなことを家族で話す時間を時には持って、「勉強っていいな」という思いを育んでほしいと思います。

塾には行かせたほうがいい？

Q

今のところ中学受験をする予定はないのですが、塾に行かないままで大丈夫でしょうか。また、塾との付き合い方のコツを教えてほしいです。（7歳男子）

A

塾は、学力を高めるための「不自然な空間」であると心得ましょう。

正直に言えば「塾に行かせたほうがいいですか？」という質問に書籍で答えるのはものすごく難しいことです。どのようなお子さんなのかを詳しく知ることができなければ、その子に合ったアドバイスができないからです。そのため、この場ではあくまでも「一般的なお話」として答えさせてください。

中学受験を考える場合はどうしても、ある程度の強制力をもって塾に通わせる必要があります。

中学受験における塾には、小学6年生の1〜2月の時点で、一般的な公教育では決して身につかない知識・解答力・解答スピード・解答の精度・安定した集中力を身につけさせる役割があります。言い換えれば塾とは、「子どもの生育上、不自然な状態」に持っていく場なわけですね。不自然なことを実現させるには、不自然な環境が必要で、それが塾ということです。

だから親は、塾の代わりをやってはいけません。人間的な親子関係ではなくなってしまうからです。こう考えると、塾との付き合い方も見えてくるはずです。塾の課題に子どもがアップアップになっていたり、「そんなに甘いことでは○○中学に合格できないぞ！」とプレッシャーをかけられたりしているようなら、「あれ、おかしいな」と感じ取り、先生と話し合う必要も出てきます。

塾は親にはできないことをしてくれますが、家庭と子どもの人生以上に価値のある塾なんてないのです。うまくいっていないなら塾の先生と話し合ったり、場合によっては環境を変えたりという手助けも親として必要です。

なお、「中学受験はしないけれど、小学校の学習だけでは本人が物足りない様子だ」という場合に、塾通いを選択するのも悪くはありません。

習い事をやめたいと言う

Q

自分からやりたいと言って始めた水泳なのに、始めたばかりで「やめたい」「本当はやりたくなかった」と言います。行けば楽しそうに泳いでいるのに……。子どもの真意はどこにあるのでしょうか。（5歳女子）

A

「やめたい」という言葉の裏には、子どもなりの事情があります。

大前提として、私は「合わないという確信があったら、始めて1週間でも3日でも、やめたらいいじゃないか」という考えを持っています。これは学校でも習い事でも部活でもアルバイトでも会社でもすべて同じです。耐えて通い続けても、得るものは少ない。ならば早めに環境を変えたほうがいい、そう考えています。

ただこの考え方に立つには、子どもの「真意」をつかむ努力が欠かせません。子どもの「やめたい」が、自分に合っていないからやめたいという「確信のあるやめたい」なのか、そうでないのかは疑わなければいけません。

210ページで紹介した「なんで勉強しなきゃいけないの？」と聞くお子さんと同じで、**「やりたくない」「やめたい」と言うからには、子どもなりの事情がきっとあります。**

習い事自体が苦痛なのか、ほかにしたいことがあるのか、習い事のクラスに意地悪な子がいて嫌なのか、本人から事情を聞いてみましょう。

私の息子は空手を習っていました。型を覚えるところまでは喜んで通っていたのですが、実際に人と組む段階になると「痛いのは嫌だ」と言ってやめてしまいました。父としては続けてほしかったのですが、「痛いのは嫌！」と訴える様子からは本気を感じました。確かに、私も痛いのは嫌です。子どもには子どもの事情があり、感性があります。尊重することも大切です。

子どもの感情は本当にわからないものです。先週はしんどそうだったのに、今週は鼻歌を歌いながらご機嫌で家を出たりします。言っていることと態度が矛盾していることもあります。本当にやめたほうがいいか、即座に答えが出るものではありません。お子さんの話を聞き、様子をよく観察して、一緒に考えていきましょう。結果として、習い事をコロコロ変えることになったとしても、私は構わないと考えています。

やる気のある子に育てるには

Q

やる気のある子に育てるために、家庭ではどんなことができるでしょうか。（5歳女子）

A

「やる気」は子ども全員が持っています。

最初にお伝えしたいのは、「やる気のない子なんていない」ということです。自分の心が動くものであれば、子どもはみんな、やる気を出します。もしも子どもの様子を見て「やる気がない」と感じることがあるのなら、それは「今取り組んでほしいことを、なぜしないのか」「もっと早くできることをなぜだらだらやるのか」などと考える、大人側の都合でしかありません。

子どもに求めるのは、どのような「やる気」でしょうか。

仮に「やる気のある子」を、「何でも積極的に挑戦し、ハキハキ発言する活動的な子」

というふうに思い浮かべたとしましょう。本当に誰もが、そんな子どもにならないといけないのでしょうか。

子どもの「やる気」は、さまざまな形で発揮されます。静かに本を読み、作家が描く世界に思いを巡らせる「やる気」もあれば、クラスの発表会で裏方の調整役に徹し、前に出る人を応援するという「やる気」もあります。グループの先頭に立って「ついてきて！」とリーダーシップを発揮する「やる気」もあります。なわとびの二重跳びができるようになりたいとひたすら挑戦し続けるのも「やる気」です。

子ども自身が目的意識を持ち、自分を高めていこうとすること。それこそが「やる気」です。親御さんは子どもの様子をよく観察し、子どものやる気に気づいて見守っていればそれでいいのです。

この相談からは、親御さんがお子さんをどのようにとらえていらっしゃるかまではわかりませんが、大人は子どもがこちらの事情をくんで動いてくれないと「やる気がない」ととらえがちです。「やる気がない」と感じたときは、一度立ち止まって「本当に？」と自分の感じ方を疑ってみてください。

自分の頭で考えられる子に育てるには

Q

自分で考えて決断できる自立した人に育てるために、親は子どもとどう接するのがよいでしょうか。（5歳男子）

A

「命令」を減らす工夫をしましょう。

生まれつき、誰かの指示がないと決断・行動ができない「指示待ち」の人はいません。子どもが3歳くらいまでのことを思い出すと、地面に落ちているものを拾おうとしたり、「来ちゃダメ」と言っても近づいてきたりしましたよね。小さいころは指示を待つどころか、指示を聞きません。それを大人が、何年かかけて「指示待ち」に育ててしまっているのです。**子どもが勝手に「指示待ち人間」や「自立していない人」になるわけではない**ということをまず、心に留めておいてください。

子どもを「指示待ち」にしてしまうのは大人の「命令」が原因です。

親は誰も「子どもを従えよう」なんて考えていません。「このままでいると、この子にとってよくないのではないか。心配だ」と案じる気持ちから、アドバイスや助け船のつもりで、命令してしまうのです。

「そっちに行ったら危ないよ。行っちゃダメ」「ほら、そろそろやらないと間に合わないじゃない。始めなさい」。親の「命令」には、常に「優しい言葉」がくっつきます。親自身は「優しい言葉」のほうを覚えているため、命令している自覚はありませんが、お子さんが記憶するのは「命令」のほうです。こうして「指示待ちの子」に育ってしまうのです。

命令せずに済ませるためには、「命令せざるを得ない状況」になる前に、子どもに「情報」を与えておくことが必要です。

朝のうちに「今日の宿題は何時から始めるの?」「5時からかなぁ」「5時から始めて間に合う?」「うん」という会話が交わされていれば、学校から帰って遊んでいても、5時が近づいたときに「そろそろ宿題を始めるか」と自分で気づき、動けるようになります。「子どものタイミング」に任せることが、自立を促すコツです。

環境の変化に戸惑っている

Q

保育園ではたくさんの友だちに囲まれ、劇の主役をするなどのびのび過ごしていましたが、小学校の授業参観で見たわが子はまるで別人。発言もせず、こそっと座っていて、その変わりようにショックを受けました。時間が経てば慣れるものなのでしょうか。（6歳女子）

A

「べき論」に縛られていませんか？

質問の最後にある通り、時間が経てば、その子なりに小学校生活に慣れていきます。何の心配もいりません。

むしろ気になるのは、「保育園時代はよかった。今は好ましくない」ととらえる、親御さんの感じ方のほうです。

「うちの子は、たくさんの友だちと朗《ほが》らかに交流するべきだ」という「べき論」に縛られてはいないでしょうか。もしかすると、心の底に世間体を気にする気持ちがあるのかもしれません。

親御さんが「自分の期待通りではない」と思いながらお子さんと関わり続けると、それをお子さんは敏感に察知し、無言のプレッシャーとして受け取ります。するとだんだん、親の顔色をうかがうようになり、自分が興味を持ったものに無邪気に飛びつけなくなってしまいます。そのほうが、お子さんにとっては大きなダメージとなってしまうでしょう。

親から見て「うまくいっていない状態」を、「よくないこと」のようにとらえるのはやめましょう。お子さんにとっては、ただ単に「今は静かにしているのが居心地がいい」というだけの可能性もあります。

子どもは小さいなりに、「このように過ごしたい」「こう生きたい」という思いを持っているものです。そしてその思いは時間の経過で変化することもあります。今のお子さんの感じ方を、ありのままに認めてあげましょう。

おわりに

本書でご説明した「見守る子育て」は、親が自信を持ち、穏やかに子どもを見守る子育てです。

「正解のない社会」で子どもが幸せに生きていくには、自分にとっての正解を自分自身で決めるための「自分軸」が必要です。そして大人のほうも、わが子のありのままの姿をそのままで素敵だと思える自信が必要です。

ですから本文で述べたように、お子さんをよく観察し、その子の「好き」を認め、前向きな言葉をかけてあげましょう。お子さんはどんどん好奇心を広げ、自分軸を育てていきます。

そして1日の終わりには、「今日も1日、わが家なりに生きることができた」と、親御さんがささやかな幸せを感じる瞬間を持ちましょう。このような瞬間の積み重ねで、「親としての自信」が持てるようになっていきます。

子育て情報があふれる現在ですから、「たったそれだけで子どもは本当にしっかり育つのだろうか」と不安になるかもしれませんが、大丈夫です。

実際にこの原稿を執筆しているさなか、幸いにも私の息子は志望校に合格できました。もちろん、「特訓」なんてしていません。ただ「見守る子育て」を続けているだけなのです。ですから、安心してお子さんを見守ってあげてください。

先々の幸せのために努力するのは素晴らしいことですが、同時に、今日の幸せを感じられる毎日を過ごすことにも、ぜひ目を向けてください。子育てが穏やかなものになり、結果的に今日も明日も来年も、ずっと幸せに過ごせるようになります。

いつの日か、読者のみなさんとお互いの家庭の「幸せ自慢大会」を開くことを夢見て、筆を置くことにします。最後までお読みいただき、ありがとうございました。

小川　大介

小川　大介（おがわ　だいすけ）
教育専門家。中学受験情報局「かしこい塾の使い方」主任相談員。
1973年生まれ。京都大学法学部卒業。学生時代から大手受験予備校、大手進学塾で看板講師として活躍後、中学受験専門のプロ個別指導塾SS-1を設立。子どもそれぞれの持ち味を生かして短期間の成績向上を実現する独自ノウハウを確立する。同時期に「中学受験情報局『かしこい塾の使い方』」の創設にも参画し、情報発信を開始。受験学習はもとより、幼児期からの子どもの能力の伸ばし方や親子関係の築き方に関するアドバイスに定評があり、各メディアで活躍中。自らも「見守る子育て」を実践し、一人息子は電車の時刻表集めやアニメ『おじゃる丸』に熱中しながらも、中学受験で灘、開成、筑駒すべてに合格。
『頭がいい子の家のリビングには必ず「辞書」「地図」「図鑑」がある』（すばる舎）、『１日３分！　頭がよくなる子どもとの遊びかた』（大和書房）、『親も子もハッピーになる最強の子育て』（ウェッジ）など著書多数。

頭《あたま》のいい子《こ》の親《おや》がやっている「見守《みまも》る」子育《こそだ》て

2019年５月20日　初版発行
2019年７月15日　４版発行

著者／小川《おがわ》 大介《だいすけ》

発行者／川金 正法

発行／株式会社KADOKAWA
〒102-8177　東京都千代田区富士見2-13-3
電話 0570-002-301（ナビダイヤル）

印刷所／大日本印刷株式会社

●お問い合わせ
https://www.kadokawa.co.jp/（「お問い合わせ」へお進みください）
※内容によっては、お答えできない場合があります。
※サポートは日本国内のみとさせていただきます。
※Japanese text only

定価はカバーに表示してあります。

ISBN 978-4-04-604059-6　C0037